Kind und Karriere – es geht beides!

Maren Wölfl

Kind und Karriere – es geht beides!

Impulse für Frauen in Führung

Springer Gabler

Maren Wölfl
Wien, Österreich

ISBN 978-3-662-66086-7   ISBN 978-3-662-66087-4   (eBook)
https://doi.org/10.1007/978-3-662-66087-4

Die Deutsche Nationalbibliothek verzeichnet diese Publikation in der Deutschen Nationalbibliografie; detaillierte bibliografische Daten sind im Internet über http://dnb.d-nb.de abrufbar.

Planung/Lektorat: Mareike Teichmann
Springer Gabler ist ein Imprint der eingetragenen Gesellschaft Springer-Verlag GmbH, DE und ist ein Teil von Springer Nature.
Die Anschrift der Gesellschaft ist: Heidelberger Platz 3, 14197 Berlin, Germany

Für Paula, Petra, Simon und Xaver
Ihr seid GROSSARTIG!

Vorwort: Du bist großartig – und ich hoffe, du weißt das!

>> Dein Gehirn glaubt, was du ihm erzählst. Lobe dich jeden Tag selbst, denke Gutes über dich, dein Leben und dein Wirken – und dein Gehirn wird es für wahr halten!

Liebe Leserin[1],

danke für das, was du jeden Tag für deine Familie, für dein Team und für die Gesellschaft leistest. Du machst das großartig! Und bitte jetzt keinen Widerspruch. Deine Tage sind lang, deine To-do-Listen ebenfalls und ich kann mir vorstellen, dass du immer wieder mal abends vor Müdigkeit einfach ins Bett fällst und in der Sekunde einschläfst.

---

[1] Hinweis: Es wird in diesem Buch in der Regel die weibliche Form verwendet, da Frauen die Hauptzielgruppe sind. Wo allerdings explizit auch die Männer gemeint sind und angesprochen werden sollen, wie zum Beispiel bei Arbeitgeber:innen oder Kolleg:innen, wird gegendert.

JA, es ist einfach viel als Frau, Mutter und Führungskraft. Du bist mit hohen, beruflichen Anforderungen konfrontiert – und du meisterst sie. Gleichzeitig spürst du die Erwartungen deines Umfelds, deines Unternehmens. All das kann dich manchmal an deine Grenzen bringen, dich überfordern, dich sogar in die totale Erschöpfung führen. Selbst an einem normalen Tag managst du viel, hältst du unterschiedliche Bälle in der Luft, gibst du jeden Tag aufs Neue dein Bestes.

Wahrscheinlich beginnt dein Tag frühmorgens mit dem Aufwecken deiner Kinder, du bereitest ihnen ihr Frühstück, bringst sie vielleicht zur Schule. Wenn du es schaffst, isst du selbst etwas, dann folgen dein Job sowie viele andere Aufgaben. Spät abends schreibst du noch E-Mails, bügelst Klamotten, kümmerst dich um die Hausarbeit und bringst den Nachwuchs ins Bett. In den letzten beiden Jahren sind alle zudem oft pandemiebedingt rund um die Uhr zu Hause gewesen und so ist einiges „on top" auf deine Liste gekommen. Vielleicht kannst du dir rückblickend gar nicht mehr vorstellen, wie du es geschafft hast, all das auch noch in deinen Alltag zu integrieren. Aber du hast es geschafft! Auch wenn du sicher – wie so viele Frauen – immer wieder einmal fast zusammengebrochen bist.

Lies dieses Buch wie einen Brief, der von einer Frau, Mutter und Führungskraft an eine Frau, Mutter und Führungskraft gerichtet ist. An dich und all die anderen da draußen! Mit diesem „Brief" will ich dich zuallererst ermutigen, dich für jeden deiner Tage selbst wertzuschätzen. Sage „DANKE" zu dir und das jeden Abend. Danke dafür, dass du diese anstrengende Zeit der extremen Belastung so fantastisch bewältigst.

❯❯ Du bist GROSSARTIG, machst genug, tust genug und bist genug!

Bitte klopfe dir jeden Tag auf die Schulter, umarme dich in Gedanken und schenke dir dein schönstes Lächeln. Überlege einmal: Wärest du deine beste Freundin, was würdest du tun, wie würdest du reagieren? Und vor allem: Was würdest du als deine beste Freundin zu dir selbst sagen? Wahrscheinlich würdest du dir Blumen schenken oder ein gutes Buch. Du würdest dir in die Augen sehen und sagen: „Danke für das, was du jeden Tag rockst! Du leistest nicht nur enorm viel für deine Familie und dein Unternehmen, sondern als Mama auch für die Zukunft unserer Welt – die Zukunft deiner Kinder und die aller Kinder in deinem Land."

Als Mutter agierst du meist in einer gebenden und fürsorglichen Rolle. Im Unternehmen erfüllst du viele unterschiedliche Ansprüche und Erwartungen. Gesellschaftlich stehst du als Frau und Mutter immer wie „in der Auslage", hältst du Vorurteile und Schuldzuweisungen aus. Du trägst die Verantwortung für die Atmosphäre im Team und in der Familie.

Danke für all das! Ich sehe es, ich fühle mit dir und kenne deine Sorgen, deine Empfindungen, deine Ängste. Ich weiß um diese enorme Herausforderung eines Lebens als Frau, Mutter und Leaderin – und auch um den großen Gewinn, der damit verbunden ist. Ich vergleiche mein Leben manchmal mit dem einer alleinstehenden Frau und muss oft innerlich schmunzeln. Wie viel mehr Zeit hätte ich und wie viel weniger Stress, Chaos und Trubel! Eine Kollegin ohne Kinder und ohne Partner oder Partnerin sagte einmal zu mir: „Wenn ich meine Arbeit um 16 Uhr beende, dann benötige ich zwei Stunden Ruhe und Zeit für mich allein!" Da schaute ich sie nur fassungslos an, denn von 16 bis 20 Uhr ist bei uns zu Hause Trubel ohne Ende. Tag für Tag! Zwei Stunden oder auch lediglich eine Stunde nur für mich? Unmöglich!

Nach diesem kurzen Gespräch mit der alleinstehenden Kollegin stellte ich mir die Frage: „Möchte ich gerne tauschen?" Ich musste keine Sekunde nachdenken, die Antwort war und ist für mich absolut klar: NEIN! Ich gebe diese Antwort sozusagen mit allen Fasern meines Körpers. Ich weiß genau, dass ich beides will: Mutter und beruflich engagiert sein. Und das macht mich immer wieder dankbar für mein Leben.

Ja, ich bin froh und glücklich, beides zu haben. Kinder und Karriere. Ich habe einen Beruf, der mich begeistert und mir Spaß macht, und ich habe drei gesunde Kinder. Es geht uns gut. Und darüber freue ich mich, auch wenn es natürlich nicht immer leicht ist. Ich sehe also ein halb volles Glas und nicht ein halb leeres. Ja, es ist mehr als nur halb voll!

Und dennoch gilt es, auf Missstände, auf die Überforderung vieler, die gleichzeitig Mutter und Leaderin sind, aufmerksam zu machen. Auch darum habe ich dieses Buch geschrieben.

Vielleicht möchtest du darauf entgegnen: „Es gibt doch Menschen, denen geht es schlechter als mir!" Das ist wahrscheinlich richtig, aber es sollte dich nicht davon abhalten, dich selbst zu schätzen sowie nett, sorgsam und liebevoll mit dir selbst umzugehen. Du kümmerst dich gut um deine Kinder, deine Familie und dein Team – ähnlich fürsorglich solltest du auch deine eigenen Bedürfnisse behandeln.

In den folgenden Kapiteln werde ich dir dafür einige Tools an die Hand geben. An dieser Stelle gleich ein erster Tipp für **eine kurze, mentale Übung** mit drei Schritten, die du leicht in deinen Tagesablauf integrieren kannst:

1. Denke jeden Abend darüber nach, was du an dem zu Ende gehenden Tag wieder alles geschafft und gemeistert hast!
2. Schreibe jeden Abend drei Dinge auf, über die du dich gefreut hast oder auf die du stolz warst beziehungsweise immer noch bist!
3. Schenke dir ein „DANKE" und drücke dir selbst deine Wertschätzung aus!

Maren Wölfl

Inhaltsverzeichnis

1

Einleitung

Ich wollte ja nie ein Buch schreiben, doch hier ist es nun. Du hältst es in deinen Händen (oder liest es elektronisch). Ja, ich habe es wirklich getan.

Viele Jahre lang haben mich unzählige Menschen gefragt, warum ich nicht schon längst all meine Erfahrungen und mein Know-how zu Papier gebracht hätte. Willst du meine ehrliche Meinung dazu hören? Ich glaube, dass ich meine Fähigkeiten in anderen Bereichen habe! Dieses Buchprojekt wurde mir jedoch „auf dem Silbertablett" serviert und ich wäre nicht ich, wenn ich diese Möglichkeit hätte vorbeiziehen lassen.

Ich sage meinen Klientinnen immer (und das möchte ich natürlich auch selbst vorleben): „Ergreife die Chancen, die dir geboten werden." So habe ich dies auch in Sachen Buch getan. Es behandelt für mich persönlich sehr wichtige Themen und hat sich zu einem tollen Projekt entwickelt. Jetzt bin ich allerdings froh, dass es abgeschlossen ist, denn es war mehr Arbeit als erwartet. Ich habe meine Komfortzone mit riesigen Schritten verlassen und viel gelernt. So viel Hirnschmalz, Recherche und Zeit stecken in diesem Werk – und ich hoffe, es ist mir

© Der/die Autor(en), exklusiv lizenziert an Springer-Verlag GmbH, DE, ein Teil von
Springer Nature 2023
M. Wölfl, *Kind und Karriere – es geht beides!*,
https://doi.org/10.1007/978-3-662-66087-4_1

gelungen, mein Wissen in einer Form weiterzugeben, die für dich hilfreich und unterstützend ist.

Es ist mir ein großes Anliegen, Frauen, Mütter und Leaderinnen auf ihrem Weg zu unterstützen, um eine bessere (Arbeits-)Welt zu schaffen. Das ist meine Vision und zu ihrer Realisierung möchte ich einen Beitrag leisten. Als junge Frau im Marketing eines internationalen Konzerns hatte ich das Thema noch nicht wirklich auf dem Schirm, nun aber begleitet es mich schon viele Jahre. Unbewusst befasse ich mich sogar seit dem Anfang meiner Karriere damit, denn mir war stets sonnenklar, dass ich mutig und selbstbewusst für mich einstehen „muss". Zwei Situationen sind mir dabei besonders in Erinnerung geblieben:

1. In meiner Zeit als Marketingmanagerin erfuhr ich zufällig, dass mein direkter Kollege 30 % mehr verdiente als ich. Ein echter Schock! Ich suchte ein Gespräch mit meinem damaligen Vorgesetzten und das ging sehr positiv aus, wie ich in Kap. 14 beschreiben werde. Mein Mut wurde also belohnt.
2. Ein paar Jahre später hatte ich eine Stelle im Management eines Markenartikel-Unternehmens. Wir „mussten" uns ein neues Unternehmensvideo ansehen. Es dauerte fünf Minuten und es ging ausschließlich um die männliche Sichtweise, keine einzige Frau kann zu Wort. Ich war wiederum schockiert, schrieb eine E-Mail an den CEO und nahm weitere sechs Männer in den Verteiler auf – alle Vorgesetzte in den unterschiedlichen hierarchischen Ebenen über mir. Ich bedankte mich für das Video und bedauerte das Fehlen der weiblichen Perspektive. Natürlich war ich ziemlich aufgeregt und nervös, als ich auf „Senden" drückte. Umso größer war meine Freude, als ich rasch eine Antwort erhielt, die mit den Worten „Beim nächsten Video wird es sicher anders!" schloss.

Diese zwei Ereignisse liegen nun etwa 25 Jahre zurück. Heute stelle ich mir ab und an die Frage, wie viel sich in dieser langen Zeit zum Positiven bewegt hat. Ja, es hat sich einiges getan, es geht mir aber dennoch alles zu langsam voran. Ich gebe zu, eine eher ungeduldige Person zu sein. Oft wäre mir gestern lieber als morgen. Bei der Frage der

Gleichberechtigung von Frauen ist meine Ungeduld sicher besonders ausgeprägt und seit ich drei Kinder habe, ist der Aspekt Kind und Karriere dazugekommen. Ich war und bin immer wieder gefordert, meine „internen" Barrieren wie negative Glaubenssätze, Selbstzweifel und Rollenbilder zu umgehen oder zu überspringen sowie gut mit externen Hindernissen wie Vorurteilen oder fehlender Kinderbetreuung umzugehen. Mal gelingt mir das besser, mal schlechter. In diesem Buch wirst du einiges darüber lesen. Wichtig in diesem Zusammenhang ist mir jedoch IMMER, dass diese Lernerfahrungen meine eigenen sind und dir nur als Anregungen und Gedankenanstöße dienen können. Du solltest und musst selbst für dich entscheiden, welchen Weg du einschlagen möchtest und was dir wirklich wichtig ist.

Am Ende des Tages zählt aus meiner Sicht, dass du als Frau, Mutter und Leaderin mit deinem Leben, so wie du es führst, glücklich und zufrieden bist. Es soll und muss für dich und deine Familie stimmig sein und sich auch so anfühlen. Ist das noch nicht ganz so, nimm die zahlreichen Einladungen in diesem Buch an, aus deinem Hamsterrad auszusteigen, dein aktuelles Leben zu reflektieren sowie in Eigenverantwortung, mit Freude und einer Portion Leichtigkeit (die ich lernen durfte und darf) deinen Weg zu gehen – wie auch immer dieser Weg aussieht.

In diesem Buch geht es auch immer wieder um Daten und Fakten. Ich habe eine logisch-analytische Seite in mir und habe über die Jahre gelernt, mehr und mehr meiner Intuition zu folgen. Diese klare und oft leise Stimme zeigt mir stets die für mich passende Antwort. Im Business benötigen wir jedoch Studien und Zahlen – und deshalb wirst du viele davon in den folgenden Kapiteln finden sowie auch einen Business Case für Frauen in Führung.

Hier gleich zum Start ein paar Zahlen, die quasi belegen, warum dieses Buch notwendig ist: Im März 2022 lag der Anteil der Frauen in der Geschäftsführung deutscher Familienunternehmen bei 8,3 % und etwa zwei Drittel hatten überhaupt keine Frauen an der Spitze (Allbright Stiftung gGmbH 2022). Nur wenig besser sah es in den 160 börsennotierten Unternehmen in DAX, MDAX und SDAX aus, die Anfang September 2021 13,4 % Frauen in den Vorständen hatten (Allbright Stiftung GmbH 2021). Es braucht daher aus meiner Sicht eindeutig mehr Tempo in Sachen Frauen in Führung – nicht zuletzt deshalb, um im internationalen Vergleich aufzuholen. In meinem Heimatland sieht es noch trister aus, denn laut dem EY Leadership Barometer Österreich 1/2022 erreichte der Anteil der weiblichen Vorstandsmitglieder zwar mit 8,5 % jüngst einen neuen Höchstwert, das Niveau macht allerdings traurig: Von 188 Mitgliedern der Vorstände waren zum Zeitpunkt der Erhebung nur 16 weiblich (Ernest & Young Global Limited 2022).

Viele andere Daten wie der Gender Equality Index der Europäischen Union, Studien von McKinsey und Harvard, die SDGs (Sustainable Development Goals) und so weiter zeigen den großen Handlungsbedarf. Es fehlt oft noch immer die weibliche Sicht an den Verhandlungstischen, in den Aufsichtsratsgremien, Vorständen, Familienunternehmen und Führungsetagen. Dabei gibt es aber weltweit durchaus Unterschiede beim Status quo in puncto Gleichberechtigung, Frauen in Führung, Rollenbild der Mutter etc., auf die ich aufmerksam machen möchte. Unter anderem wird deutlich werden, dass die deutschsprachigen Länder einige Besonderheiten aufweisen. Verbunden mit den Informationen ist dabei die Aufforderung, über den Tellerrand zu blicken und von anderen zu lernen. Denn es gilt „1 + 1 = 3“, was heißen soll: Es geht nicht um „schlechter“ oder „besser“, sondern um verschiedene Sichtweisen, die inspirieren können und sollten.

Übrigens: Manche Dinge sage ich in diesem Buch mehrfach. Das ist keine unbeabsichtigte Wiederholung, sondern gewollt, weil sie einfach so wichtig sind, dass wir sie uns immer wieder klarmachen müssen.

Es gibt viel zu tun. Packen wir es an!
PS: An dieser Stelle möchte ich dich um Nachsicht bitten. Als Österreicherin verwende ich ab und an Ausdrücke, die dich vielleicht zum Schmunzeln bringen oder auch zum Kopfschütteln. Ich habe einige Jahre in Deutschland gearbeitet und dabei viel über die unterschiedliche Sprache in beiden Ländern gelernt. So reden wir in Österreich beispielsweise von „Karenzen“, während der richtige Ausdruck in Deutschland

„Elternzeit" ist. In Deutschland gehen die Kinder vielerorts in die Kita und in Österreich in den Kindergarten.

Während meiner Zeit in Frankfurt war ich immer eine beliebte Begleitung zum Mittagessen. Meine internationalen und vor allem deutschen Kolleginnen sagten mal zu mir: „Wenn wir mit dir essen, dann fühlt es sich an wie Urlaub in Österreich – und das ist so schön!" Natürlich habe ich auch öfter für Gelächter gesorgt. So gibt es etwa in meiner Heimat keinen Unterschied zwischen Sessel und Stuhl und ich verwende nun einmal Ausdrücke wie: „Schauen wir mal!" oder „Das geht sich aus!"

Ich habe mich für dieses Buch sehr bemüht, das Hochdeutsche zu verwenden. Ob mir das immer gelungen ist, sei dahingestellt. Aber es wird schon passen! ☺

Literatur

Allbright Stiftung gGmbH (2021) Aufbruch oder Alibi? Viele Börsenvorstände erstmals mit einer Frau. https://static1.squarespace.com/static/5c7e8528f4 755a0bedc3f8f1/t/617ab5a77069070631d64edf/1635431858323/ AllBright+Bericht+Herbst+2021_Aufbruch+oder+Alibi_.pdf. Zugegriffen: 21. Juli 2022

Allbright Stiftung gGmbH (2022) Stillstand Familienunternehmen holen keine Frauen in die Führung. https://static1.squarespace.com/static/5c7e 8528f4755a0bedc3f8f1/t/6285ed58d2d2700b13058d69/1652944237388/ Allbright+Bericht+Fr%C3%BChjahr+2022_.pdf. Zugegriffen: 21. Juli 2022

Ernest & Young Global Limited (26. Januar 2022) Frauenanteil in Österreichs Vorständen erreicht neuen Höchststand. Pressemitteilung. https://www. ey.com/de_at/news/2022/01/ey-at-mixed-leadership-barometer-01-2022. Zugegriffen: 21. Juli 2022

2

Es betrifft uns alle – jede und jeder kann einen Beitrag leisten

>> Probleme kann man niemals mit derselben Denkweise lösen, durch die sie entstanden sind.

Albert Einstein

Die Diskussionen zum Thema „Mehr Frauen in Führung" werden oft auf verschiedenen Ebenen geführt. Grundsätzlich ist das gerechtfertigt, doch dabei passiert leider Folgendes: Die Verantwortung wird von einer Ebene auf die andere geschoben – entweder auf die Gesellschaft, die Unternehmen oder das Individuum. Wer aber trägt nun die „Schuld" daran, dass wir nicht oder nur sehr langsam vorankommen?

Dabei denke ich an ein Bild von M. C. Escher (Abb. 2.1): Wir gehen einige Stufen, um zu erkennen, dass wir nicht nach oben, sondern nach unten gegangen sind. Wir sehen uns um und erkennen, dass dieselben Stufen nach unten und nach oben führen können. – Genauso ist es aus meiner Sicht bei der Aufgabe, den Frauenanteil in Führungspositionen zu erhöhen. Was also sollten wir tun?

Viele Wege - wo führen sie hin?

Abb. 2.1 Viele Wege – wo führen sie hin? (© Maren Wölfl 2022, Adobe Stock, All Rights Reserved)

In diesem Kapitel werde ich die erwähnten drei Ebenen klar trennen und das Thema damit aus unterschiedlichen Perspektiven beleuchten. Präzisieren wir diese zunächst. Wir haben:

- die Gesellschaft und die Politik (welche die Rahmenbedingungen schaffen),
- die Unternehmen mit ihren Teams sowie
- das Individuum und die Familien.

In jedem der drei Bereiche gibt es viel zu tun. In allen drei können und müssen Menschen einen Beitrag zur Veränderung leisten. Die funktioniert letztlich wie bei einem Zahnrad: Alle Teile sind voneinander abhängig. Wenn ich ein Zahnrad drehe, dann bewegen sich automatisch auch die anderen Räder (vgl. Abb. 2.2). In Diskussionen

Es geht nur gemeinsam

Abb. 2.2   Es geht nur gemeinsam! (© Maren Wölfl 2022, All Rights Reserved)

sollten die drei Ebenen getrennt betrachtet werden, ohne dabei die Interdependenzen zu vernachlässigen. Vor allem aber sollte sich jede und jeder die Fragen stellen: „Wo habe ich Einfluss? Wo liegt meine Verantwortung?"

Endlose Diskussion ohne Ergebnis

„Wir benötigen mehr Diversität in den Führungsetagen der Unternehmen!" Mit diesem Satz beginnen viele Diskussionen in so manchem Betrieb. Person A meint: „Na ja, die Frauen wollen ja nicht. Ich habe da letztens eine gefragt und sie ist ganz glücklich in der Mutterrolle!"

Darauf Person B: „Es fehlt an gut ausgebauter Kinderbetreuung mit entsprechenden Öffnungszeiten. Bei dem aktuellen Angebot können die Frauen nicht mehr arbeiten, selbst wenn sie das wollten."

Und Person C sagt: „Bei uns im Unternehmen werden immer die Besten befördert und rekrutiert – ich sehe das Problem nicht."

Und damit endet die Unterhaltung ohne Ergebnis. Die Teilnehmerinnen und Teilnehmer sind aufgrund der Komplexität des Themas überfordert. Was nun?

Gemäß dem Modell „Circle of Influence" von Stephen R. Covey (2000, S. 77) möchte ich gerne den Fokus auf den Einflussbereich jeder Person legen. Auf diesen sollten Gedanken und Handlungen konzentriert werden. In diesem kann und sollte jede und jeder agieren. Hier hat sie, hier hat er die Möglichkeit, den nötigen Wandel zu befördern. Und jede Stimme macht einen Unterschied.

Die drei Ebenen und die Wechselwirkungen

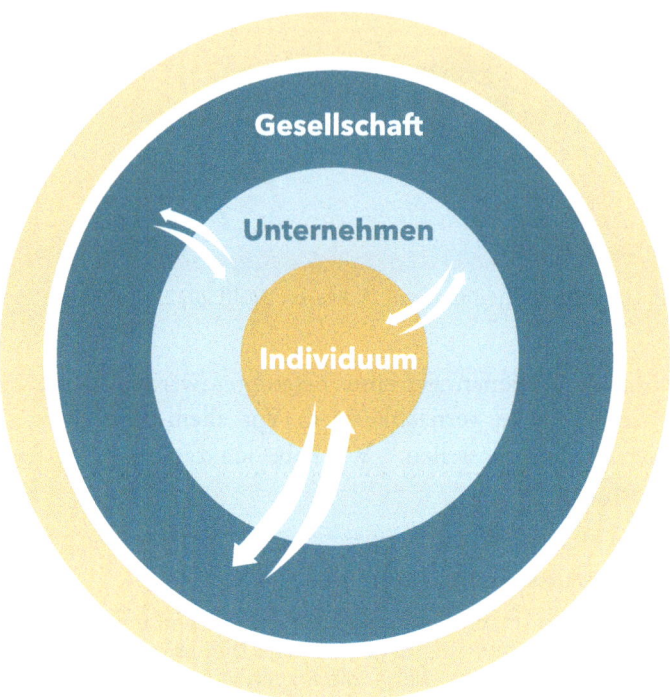

Abb. 2.3 Die drei Ebenen und die Wechselwirkung (© Maren Wölfl 2022. All Rights Reserved)

In Abb. 2.3 sind die drei unterschiedlichen Ebenen, die sich gegenseitig beeinflussen, als Kreise dargestellt. Die Gesellschaft und die Politik, die Unternehmen und auch jede und jeder Einzelne sind gefragt. Niemand darf seine Kraft, seine Möglichkeiten unterschätzen, niemand mit dem Finger auf die anderen zeigen. Stattdessen sollten, ja müssen alle Verantwortung für die Transformation übernehmen.

2.1 Der äußere Kreis: Gesellschaft und Politik

Die äußeren Rahmenbedingungen sind von enormer Bedeutung für Menschen und Unternehmen. Sie bilden eine Basis für das tägliche Handeln, sie strukturieren das Leben. Die Anzahl und Öffnungszeiten von Kinderbetreuungseinrichtungen und Schulen, die öffentliche Diskussion um Quotenregelungen in börsennotierten Unternehmen und das umstrittene Ehegattensplitting[1] in Deutschland fallen in diesen Bereich. Besonders wichtig sind die gesetzlich geregelten Elternzeiten beziehungsweise Karenzen, juristische Vorgaben zum Wiedereintritt von Eltern in das Unternehmen sowie die Geldleistungen für Eltern.

Die Politik ist gefordert, von anderen Ländern zu lernen und optimale Rahmenbedingungen zu schaffen, sodass sowohl Menschen als auch Unternehmen gute Voraussetzungen vorfinden. In der öffentlichen Diskussion ist die Fokussierung auf die entscheidenden Fragestellungen nötig und wir brauchen Vorbilder, von denen wir lernen können. Es gibt leider bis heute wenige Frauen mit Kindern an der Spitze von Unternehmen sowie in der Politik, die gerne in der Öffentlichkeit als Vorreiterinnen auftreten und so Role Models für andere sein könnten.

Als Individuum habe ich keinen Einfluss auf die gesellschaftlichen Rahmenbedingungen, Rollenbilder und Öffnungszeiten von Betreuungseinrichtungen – abgesehen von meinem Wahlrecht, über das ich einem bestimmten Parteiprogramm den Vorzug vor den anderen gebe. Als Einzelperson kann ich „nur" versuchen, so gut wie möglich mit diesen gegebenen „externen" Rahmenbedingungen umzugehen und das Beste daraus zu machen. Unternehmen allerdings müssen nicht auf die Politik warten. Sie können zum Beispiel in Eigeninitiative Betriebskindergärten schaffen sowie auf vielfältige Weise dazu beitragen, Rollenbilder zu verändern.

---

[1] Das Ehegattensplitting in Deutschland begünstigt häufig verheiratete Paare, weil sie so besteuert werden, als würden beide Ehepartner die Hälfte des Gesamteinkommens haben.

Interessanter Unterschied

Aus der Sicht österreichischer Frauen fand ich die Diskussionen über die deutsche Außenministerin Annalena Baerbock sehr spannend. Es war für mich überraschend, dass Deutschland so urteilte und verurteilte, wie es das tat. Ich hatte gedacht, dass die Menschen in diesem Land schon weiter seien. Immerhin war dort 16 Jahre lang eine Frau Bundeskanzlerin und bis zur letzten Bundestagswahl hatte eine deutsche Teenagerin dieses Vorbild im Kopf. Sie kannte „nur" eine Bundeskanzlerin und keinen Bundeskanzler. Und dennoch schlugen die Wogen in den Medien hoch, als eine Frau und Mutter von zwei kleinen Kindern in den Wahlkampf einstieg. Sofort wurde Baerbock mit vielen Vorurteilen konfrontiert. Manche Kritik an ihr mochte gerechtfertigt sein – keine Frage. Das ist jedoch nicht mein Punkt.

Ich stelle mir oft die Frage: Wie wäre die öffentliche Diskussion verlaufen, wenn Annalena Baerbock ein Mann wäre? Hätte dann eine große deutsche Zeitung geschrieben, dass die Partnerin nun den Job aufgegeben habe und sich „nur" noch um die Kinder kümmere? Wäre der Kleidungsstil des Mannes auch viele Kommentare wert gewesen? Ich glaube nicht.

Viele Feministinnen beschweren sich darüber, dass über solche Dinge überhaupt noch geredet wird. Meine Meinung dazu: Wir benötigen (leider) diese Diskussionen im öffentlichen Raum, da sie Bewusstsein für die immer noch existierenden Klischees schaffen, hoffentlich zum Umdenken anregen und Vorurteile abbauen.

In diesem Buch möchte ich mich nicht auf Politik und Gesellschaft fokussieren. Mein Thema sind die dringend notwendigen Veränderungen, die zum einen die Unternehmen und zum anderen die Individuen anstoßen und umsetzen müssen.

An dieser Stelle nur einige Beispiele für das, was aus meiner Sicht auf gesellschaftlich-politischer Ebene getan werden müsste:

- Paritätische Aufteilung der Elternzeit analog zum schwedischen Modell, nach dem Mütter und Väter die Elternzeit zu gleichen Teilen in Anspruch nehmen
- Ausbau von qualitativ hochwertigen Kinderbetreuungseinrichtungen und Festschreibung des Rechts auf einen Ganztagsplatz für jedes Kind

- Weg vom Ehegattensplitting und hin zur Individualbesteuerung mit Anreizen für Eltern (das ist für Deutschland gemeint, wo Ehepaare gemeinsam besteuert werden und dadurch die Erwerbstätigkeit der Frauen häufig unattraktiv wird)

Politikerinnen, die sich als Vorkämpferinnen für Frauen in Führung sehen, sollten diese Rolle offensiv kommunizieren. War es nicht schön, als Kamala Harris bei ihrer Angelobung als erste amerikanische Vizepräsidentin sagte: „Ich bin zwar die erste Frau in diesem Amt, aber ich werde sicher nicht die letzte sein!" Das macht Mut und bestärkt sicher viele junge Frauen und Mädchen darin, trotz aller Hindernisse ihren Weg zu gehen.

2.2   Der mittlere Kreis: die Unternehmen

Unternehmen sind eingebettet in eine gesellschaftliche Struktur und an die rechtlichen Rahmenbedingungen eines Landes gebunden. Arbeitszeitgesetze und Regelungen für Elternzeiten werden extern vorgegeben und von den Unternehmen lediglich umgesetzt.

Arbeitgeber:innen haben zudem keinen direkten Einfluss auf die verschiedenen Lebensmodelle der einzelnen Mitarbeiterinnen und Mitarbeiter. Die Aufgabe des Unternehmens ist es, die besten Arbeitskräfte zu finden und Bedingungen zu schaffen, unter denen diese ihre privaten Interessen und Lebensentscheidungen so gut wie möglich mit der Arbeit vereinbaren können. Ob Heirat, Ausbildung, zeitintensive Hobbies – all diese Dinge sind Entscheidungen der Einzelnen und des Einzelnen, nicht des Unternehmens.

Weitere Aufgabe der Unternehmen ist es, Talente zu fördern – und hier ihren Blick zu weiten. Mehr Diversität und Gleichberechtigung liegen im Einflussbereich der Arbeitgeber:innen. Sie können und sollten Strukturen und Prozesse implementieren, die beides voranbringen und den Fokus des Top-Managements auf diese Themen richten. Es gilt vor allem auch, ein Bewusstsein für die Vorteile von in vielerlei Hinsicht heterogenen Teams aufzubauen.

Manche Unternehmen schaffen einen Frauenanteil in Führungspositionen von zum Beispiel 40 % oder haben einen Vorstand, der mit gleich vielen Frauen wie Männern besetzt ist. In anderen Firmen, ja in ganzen Branchen ist man davon meilenweit entfernt und hält man solche Verhältnisse für undenkbar. Was macht den Unterschied aus?

Druck durch Wahrnehmung von außen

In einem großen Unternehmen beträgt der Anteil der Frauen in der Belegschaft etwa 52 % und in den letzten Jahren ist die Struktur insofern verschlankt worden, dass von fünf Führungsebenen nur noch drei übrig geblieben sind. Allerdings weist dieses Unternehmen nun in den offiziellen Berichten einen Anteil von Frauen in Führungspositionen von null Prozent aus, denn in den verbliebenen Führungsebenen gibt es keine Managerin. Es ist den Chefs jedoch klar, dass PR-Fotos, die ausschließlich männliche Top-Manager zeigen, ein No-Go sind. Dasselbe gilt für einige aktuelle Unternehmenskennzahlen (wie zum Beispiel Führung in Teilzeit oder Männer in Karenz/Elternzeit). Und so ist die Unternehmensführung auf die Suche nach Möglichkeiten einer vorteilhafteren Außendarstellung gegangen. Das Resultat: Man hat bestimmte Positionen als Schlüsselfunktionen bezeichnet, die nun als Führungspositionen in die Statistik einfließen und damit das Bild verschönern.

Ich glaube, wir sind uns alle einig, dass ein solches Manöver lediglich der „Optik" dient, aber kein nachhaltiger Weg ist. Dass man sich genötigt gefühlt hat, überhaupt etwas zu tun, zeigt jedoch den Druck, der bereits auf den Unternehmen lastet – und dass es den gibt, das ist gut so.

Top-Manager:innen sind oft der Meinung, dass sie alles richtig machen. „Es werden doch die qualifiziertesten Talente rekrutiert und befördert. Die EINE Frau hat es ja auch geschafft – wir sind da offen!" Solche und ähnliche Kommentare höre ich immer wieder. Damit aber wird die Verantwortung an die Frauen und Leistungsträgerinnen übertragen. Frauen sollen sich anstrengen, sich anpassen und dann geht das schon.

Für viele Frauen sind jedoch die Stellen im Top-Management von Unternehmen unattraktiv und die meist männlichen Führungskräfte sind oft keine Vorbilder für die Mitarbeiterinnen. Firmen sollten sich daher folgende kritische Fragen stellen: Wieso ist es für Frauen unattraktiv, eine Führungsposition zu übernehmen? Was können wir konkret TUN, damit Frauen wirklich eine Führungsrolle bei uns haben wollen?

Ist diese Frage beantwortet, sollten sich die Verantwortlichen an die Arbeit machen. Sie sollten Strukturen und Prozesse sowie am Ende die gesamte Unternehmenskultur verändern. Wie schon angedeutet, müssen sich dafür alle Stakeholder der Bedeutung des Themas bewusst sein und muss das Management sich nachhaltig darauf fokussieren. Dazu kommen wir noch ausführlicher in den weiteren Kapiteln (vor allem 3 und 8 bis 9).

Ein weiterer wichtiger Punkt, wenn wir speziell die großen Unternehmen oder globalen Konzerne betrachten: Diese Player haben Einfluss auf Gemeinden und Städte und natürlich auch auf die Politik von Bundesländern und des gesamten Staates. Ich wünsche mir, dass sie sich ihrer gesellschaftspolitischen Verantwortung bewusst werden und diese wahrnehmen. Sie können auch auf diese Weise ein Hebel für die Transformation sein, die wir brauchen.

Lasse es mich noch einmal wiederholen: JEDE und JEDER im Unternehmen kann einen Beitrag zum Wandel leisten und hat dafür viele Möglichkeiten. Ob Personalabteilung, Einkauf, Vertrieb, Produktion etc.: Jede Führungskraft, alle Frauen und Männer, das gesamte Top-Management, alle Mitarbeiter:innen sollten sich angesprochen fühlen!

Was kann konkret getan werden? Für die so entscheidende Antwort auf diese Frage hier nun die 4 × 4 Tipps für #MehrFrauenIn Führung der AllBright Stiftung gGmbH sowie meine eigenen Gedanken dazu:

Als Führungskraft

1. Nutze deine Macht!
   Stehe dazu, dass dir das Thema „Mehr Frauen in Führung" wichtig ist, und habe den Mut, tatsächlich mehr Frauen in Top-Positionen zu bringen. Du hast die dafür nötige Macht.
2. Werde dir deiner Vorurteile bewusst!
   Denke daran, dass Vorurteile oft unbewusst sind. Mache sie dir bewusst, denn das ist der erste Schritt hin zu ihrem Abbau.
3. Rekrutiere Frauen nach Potenzial!
   Wenn eine Neueinstellung oder eine Beförderung ansteht, verlange eine Liste von Kandidatinnen und Kandidaten. Und es sollten gleich viele Frauen und Männer darauf stehen.

4. Frage zweimal!
Gibt eine Frau dir bei einer Beförderung auf eine Führungsposition einen Korb, so frage sie ein zweites Mal. Frauen sind oft zurückhaltender als Männer.

Als Mann

1. Übernimm die Hälfte der Haus- und Familienarbeit.
Unterstütze deine Partnerin zu Hause, sodass sie Mutter und zugleich beruflich erfolgreich sein kann.
2. Öffne deine Netzwerke.
Sperre Frauen nicht von informellen Gesprächen aus, sondern lade sie aktiv dazu ein.
3. All-Male-Panel? Ohne mich.
Verweigere dich Diskussionen oder Gremien, in denen sich ausschließlich Männer austauschen.
4. Sprich von Mann zu Mann.
Fordere andere Männer dazu auf, etwas für mehr Diversität und Gleichberechtigung in den Teams des Unternehmens zu tun.

Als Frau

1. Sag „Ja", wenn dir eine Führungsposition angeboten wird.
Offenbar erfüllst du die Anforderungen. Sei selbstbewusst und bestimme die Rahmenbedingungen.
2. Zähle die Beförderungen.
Mache dir ein Bild davon, wer in deinem Unternehmen befördert wird, wer die spannendsten Projekte bekommt. Sprich es an, wenn es selten Frauen sind, und benenne es als Ungerechtigkeit.
3. Sei ein Role Model.
Nimm deine Vorbildrolle an und mache dich als weibliche Führungskraft sicht- und hörbar. Sei ein Role Model für dein Team und auch für deine Kinder.
4. Unterstütze andere Frauen.
Bilde ein kraftvolles Netzwerk mit anderen Frauen. Wenn Männer im Unternehmen Frauen benachteiligen, diskutiere mit ihnen über ihre Vorurteile – natürlich respektvoll.

Als Unternehmen

1. Interne Ziele setzen und Leistungen daran messen.
   Nur mit einer klaren Vorgabe für den Frauenanteil auf den Führungsebenen lässt sich beurteilen, wie weit man auf dem Weg zu diesem Ziel bereits vorangekommen ist. Auch können Key Performance Indicators (KPIs) dafür definiert werden.
2. Frauen sichtbar im Top-Management platzieren.
   Sowohl weibliche als auch männliche Vorbilder sollten „vor den Vorhang" geholt werden. Über sie zu reden, motiviert andere, es ihnen gleichzutun.
3. Vereinbarkeit von Job und Familie auch auf Führungsebene anbieten.
   Viele Frauen nehmen Top-Positionen nur an, wenn es ihnen ermöglicht wird, sie mit ihrem Familienleben zu vereinbaren.
4. Männer zu Elternzeit ermuntern.
   Wenn auch Väter Elternzeit beanspruchen, können Mütter nach der Geburt eines Kindes schneller in ihren Beruf zurückkehren.

Ergänzend zu diesen 4×4 Tipps möchte ich vier weitere für die Personalabteilung anführen, spielt doch diese eine zentrale Rolle für die Aufgabe, mehr Frauen in Führungspositionen zu bringen. Was also sollte das Human Resource Management tun?

1. Implementieren transparenter Prozesse für Beförderungen.
2. Beim Rekrutieren von Personal auf (unbewusste) Vorurteile achten.
3. Stellenausschreibungen gezielt anders gestalten, sodass sich mehr Frauen angesprochen fühlen.
4. Einen jährlichen Workshop mit wichtigen Stakeholdern des Unternehmens veranstalten, der sich mit aktuellen Herausforderungen befasst. Dabei sollte ein Aktionsplan entwickelt werden, mit dem sich diese meistern lassen.

» **Erfolg hat drei Buchstaben: TUN.**
    (Johann Wolfgang von Goethe zugeschrieben)

Ich hoffe auf eine Veränderung

Vor Kurzem saß ich nach einem Workshop mit den Teilnehmerinnen beim Essen. Eine junge Frau um die 30 Jahre sagte zu mir: „Während des Studiums wollte ich unbedingt in das Top-Management eines großen Unternehmens – ganz nach oben. Jetzt arbeite ich seit vier Jahren und bin mir da nicht mehr so sicher. Ich möchte nicht so leben wie die Top-Manager bei uns im Unternehmen. Diese Männer arbeiten alle 60 bis 70 Stunden pro Woche, haben keine Zeit für die Familie oder Hobbys – das will ich nicht."

Ähnliche Sätze höre ich oft. Sie geben mir Hoffnung auf Veränderung. Viele Frauen und vor allem viele junge Menschen wollen nicht einfach übernehmen, was ihnen vorgelebt wird. Sie haben andere Ansprüche und sie stehen dazu.

2.3   Der innere Kreis: die Individuen

Nun zu den Frauen selbst, zu Frauen wie dir, die eine Top-Position im Unternehmen anstreben, beruflich große Ambitionen hegen und erfolgreich sein wollen. Aber sie wollen das nicht um jeden Preis. Du vermutlich auch nicht. Die meisten Frauen möchten auch Zeit für andere Rollen haben, die einer Mama etwa, die einer Freundin, einer Tochter, einer Partnerin. Und sie wollen ihren Hobbys nachgehen, wollen vielleicht rudern, Sprachen lernen, Theater spielen, reisen etc. Alles nur Beispiele für die Vielfalt dessen, was Menschen im Leben wichtig ist.

Die Gegebenheiten im Unternehmen und die äußeren Rahmenbedingungen, die Politik und Gesellschaft bestimmen, befinden sich zwar in deiner Interessensphäre wie Stephen R. Covey (7 Wege zu Effektivität, S. 77, Heyne) das nennt. Es sind Dinge, die dich betreffen, die wichtig für dich sind. Du hast auf sie aber keinen direkten Zugriff, du kannst sie nicht unmittelbar verändern, sie liegen nicht in deinem Einflussbereich.

In diesem Buch gebe ich dir jede Menge Ratschläge, Hintergrundinformationen und Unterstützung auf deinem Weg an die Spitze. Wichtig ist dabei dein eigenes Mindset: Glaube an dich und deine Fähigkeiten. Lasse dich von externen Rahmenbedingungen und von Vorurteilen nicht von deinem Ziel abbringen. Investiere in deine Selbst-

und Sozialkompetenz. Finde deinen Platz in einem Unternehmen, das deinen beruflichen Ambitionen entspricht. Denke in Chancen und Lösungen, anstatt dich auf die vermeintlichen Hindernisse und Barrieren zu fokussieren.

Es folgen ein paar Beispiele dafür, was das in der Praxis heißt.

Beispiel

Konkrete Lösungen suchen, statt den Kopf in den Sand stecken

- Der Kindergarten schließt jeden Tag um 14 Uhr, doch du kannst dein Kind nicht jeden Tag um diese Uhrzeit abholen. Dann frage dich, ob es andere Personen gibt, die das eventuell übernehmen würden, und bitte sie darum. Deinen Partner zum Beispiel, die Großeltern oder auch einen Babysitter. Vereinbare mit anderen Eltern eine wechselweise Übernahme der Nachmittagsbetreuung des Nachwuchses. Am Montag etwa sind dein eigenes und ein weiteres Kind bei dir zu Hause, am Dienstag beide Kinder bei der anderen Familie. So hast du die Möglichkeit sowohl kurzer als auch langer Arbeitstage.
- Du arbeitest derzeit 30 h die Woche und das ist für dich perfekt. So kannst du Zeit mit deinem Kind verbringen und auch den Haushalt managen. Dein:e Arbeitgeber:in bietet dir nun eine Führungsposition an – aber dafür müsstest du dich für Vollzeit entscheiden.

Du hast drei Optionen bei der Entscheidung im zweiten Beispiel:

1. Du lehnst das Angebot ab, denn du willst maximal 30 h arbeiten. Mein Tipp: BITTE tue das nur, wenn es wirklich nicht anders geht und nur nach reiflicher Überlegung beziehungsweise nach einer professionellen Begleitung durch einen Coach, um deine eigenen Denkmuster zu hinterfragen. Du könntest Dich auch selbst fragen: Unter welchen Rahmenbedingungen traue ich mir diese Position zu?
2. Du nimmst das Angebot an und handelst mehr Flexibilität in puncto Arbeitszeit und Arbeitsort heraus – wie zum Beispiel zwei lange Tage und zwei kurze Tage oder ein anderes für dich passendes Arbeitsmodell. Zusätzlich teilst du die Arbeit zu Hause anders mit deinem Partner beziehungsweise deiner Partnerin auf. Vielleicht sucht ihr euch alternativ oder zusätzlich Unterstützung bei der Kinderbetreuung und im Haushalt.
3. Du möchtest UNBEDINGT bei den 30 h bleiben, das ist dir sehr wichtig. Du bittest deine:n Arbeitgeber:in, dir dennoch die Führungsposition zu geben. Du schlägst eine Testphase von drei Monaten vor, in der du probieren willst, die mit der neuen Position verbundenen Aufgaben in nur 30 h zu erledigen. Du bist davon überzeugt, dass du das – wie viele andere Mütter – schaffen wirst.

Mehr zu dieser typischen Situation erfährst du in den Kap. 10 und 11.

» Wir können den Wind nicht ändern, aber die Segel anders setzen.
Aristoteles

Jede:r kann einen Beitrag leisten!

Beim Thema „Mehr Frauen in Führung" müssen die drei Ebenen Politik/ Gesellschaft, Unternehmen und Individuum unterschieden werden. Jede und jeder Einzelne kann und sollte in ihrem beziehungsweise seinem Einflussbereich einen Beitrag zur Veränderung der aktuellen Situation leisten. Es muss an allen Rädern gedreht werden, damit ein umfassender Wandel möglich wird.

Für dich persönlich bedeutet das: Denke in Chancen und fokussiere dich nicht auf die Stolpersteine. Gehe unbeirrt deinen Weg, denn dann kann dich niemand ein- oder überholen.

Literatur

Allbright Stiftung GmbH. 4 x 4 Tipps für #MehrFrauenInFührung. https:// www.allbright-stiftung.de/4x4. Zugegriffen: 21. Juli 2022
Stephen R. Covey, Die 7 Wege zu Effektivität, Heyne Bücher, 2000

3

Der Business Case für Frauen und Mütter in Führung

» Eine Reise von tausend Meilen beginnt mit dem ersten Schritt.

Laotse

Dieses Kapitel beantwortet die Frage, warum es Zeit ist für eine Veränderung. Manche werden vielleicht sagen, diese sei gar nicht nötig. Es könne doch alles so bleiben, wie es ist, es laufe ja gut. Um jemanden, der diese Meinung vertritt, für Wandel zu begeistern, benötigen wir ein attraktives Ziel. Er oder auch sie muss davon überzeugt werden, dass es sich lohnt, dieses Ziel zu erreichen. Das Ziel lautet „Mehr Frauen und Mütter in Führungspositionen" und wir wollen uns den entsprechenden Business Case anschauen. Es gibt dazu viele Daten und Fakten, KPIs und Argumente. Natürlich geht es auch um den Wunsch, eine bessere Welt beziehungsweise insbesondere eine bessere Arbeitswelt zu schaffen. Es geht um die Sehnsucht, in einer solchen zu leben. Als Eltern möchten wir natürlich unseren Kindern eine bessere Welt

© Der/die Autor(en), exklusiv lizenziert an Springer-Verlag GmbH, DE, ein Teil von 21
Springer Nature 2023
M. Wölfl, *Kind und Karriere – es geht beides!*,
https://doi.org/10.1007/978-3-662-66087-4_3

hinterlassen. Ja, wir haben die Verantwortung dafür, denn wir haben für unsere Kinder zu sorgen, sollten ihnen Vorbilder sein.

Mein Weg zur Gleichberechtigung

Vor vielen Jahren arbeitete ich in einem großen Konsumgüterunternehmen und stellte mir die Frage, ob sich diese Stelle mit Kindern vereinbaren ließe. Es erschien mir im Alter von knapp 30 Jahren unmöglich. Ich arbeitete viel, war total fixiert auf die Ergebnisse und es gab im Unternehmen keine erfolgreichen Mütter. Ich kann mich an kein einziges Vorbild erinnern. Es war eine Arbeit in Vollzeit, es wurden 150 % Fokus und voller Arbeitseinsatz verlangt. Das war für mich einer der Gründe, in die Selbstständigkeit zu gehen, die mir als Mutter viel attraktiver erschien. Ich konnte mir damals die Stelle als Marketing-Managerin mit Kind einfach nicht vorstellen. Zugegebenermaßen hat sich in den letzten 20 Jahren viel getan, viele Mütter kämpfen jedoch immer noch mit den Strukturen und Vorurteilen im Unternehmen. Für mich ist meine Arbeit ein Beitrag für Veränderung, damit es meine Kinder (und natürlich alle anderen) einmal besser als ich haben werden. Ich muss gestehen: Auch ich war in meinem Korsett des traditionellen Rollenbilds gefangen – und das, obwohl meine Mutter immer ein Hotel geleitet hat und ein Vorbild für mich gewesen ist. Mütter haben so viele Kompetenzen und Fähigkeiten, die wir dringend in den Unternehmen (von morgen) benötigen. Das sollte mehr und mehr gesehen werden.

Von Zeit zu Zeit höre ich auch, dass der Business Case für mehr Gleichberechtigung und Frauen in Führungspositionen nicht so wichtig sei. Es gehe doch um eine bessere Welt und gleiche Rechte für alle. Wieso brauche es dann also Zahlen und Fakten, die belegen, dass Diversität in den Unternehmen wichtig ist? Wieso müssten wir „beweisen", dass Frauen gute Führungskräfte sind und der nächste CEO eine Mutter sein sollte?

Diese Einwände sind berechtigt. Und dennoch funktionieren Unternehmen nun einmal datenbasiert und die Manager:innen sind es gewohnt, ihre Entscheidungen auf der Grundlage von Zahlen und Fakten zu treffen. Überzeugungsarbeit findet mit Marktforschung statt, wir brauchen hierfür vertrauenswürdige Quellen. Die liefert dieses Kapitel, in dem der Nutzen von mehr Frauen, Mütter und Leaderinnen in den Führungsetagen im Detail aufgezeigt wird.

Ich empfehle die folgenden Seiten den vielen Unternehmen, in denen ich immer noch Sätze höre wie „Unsere Prioritäten liegen in anderen

Bereichen" oder „Für diese Themen haben wir keine Zeit". Bei solchen Aussagen denke ich mir: Lassen Sie uns in zehn Jahren wieder miteinander reden … Welche Menschen möchten dann noch bei Ihnen arbeiten? – Etwa zwei Drittel der heutigen Volkschulkinder werden Jobs haben, die es heute noch gar nicht gibt, so Schätzungen (eco – Verband der Internetwirtschaft e. V. 2017). Es werden sich aber nicht nur die Jobs ändern, sondern auch die Ansprüche der Arbeitnehmer:innen. „Also lassen Sie uns mal lieber Vorbereitungen treffen, damit Sie den Herausforderungen der Zukunft begegnen können", möchte ich den zögernden Unternehmen zurufen. Ich sage ja keineswegs, dass wir NUR Frauen und Mütter an der Spitze benötigen. Aber wenn es dort mehr von ihnen geben würde, würde das in jedem Fall einen Beitrag zur Verbesserung unserer Welt leisten.

Wir werden in diesem Kapitel sehen: Es gibt eine Menge Studien, die die positiven Effekte von diversen Teams belegen. Frauen schneiden auch bei Leadership Skills besser ab als Männer, sie sind also tolle Führungskräfte. Des Weiteren lernen Eltern beim Betreuen der Kinder sehr viel, was sie in der Arbeitswelt einsetzen können. Und es ist definitiv Zeit für mehr weibliche Qualitäten in den Unternehmen!

3.1 Diverse Teams sind erfolgreicher

» The business case for gender diversity on executive teams is stronger than ever (Sundiatu Dixon-Fyle et al. 2020).

So lautet die Zusammenfassung des McKinsey Reports „Diversity wins – How inclusion matters" vom Mai 2020. Der liefert eine Menge der angesprochenen Fakten und Daten. Diversität und mehr Frauen im Management haben danach viele evidenzbasierte Vorteile. Und dennoch geht es nur langsam voran, kommt der Fortschritt mancherorts mit der Geschwindigkeit einer Schnecke.

Die McKinsey-Studie besitzt eine hohe Glaubwürdigkeit, denn sie wird seit 2014 regelmäßig durchgeführt, die Daten werden laufend aktualisiert. Analysiert werden Unternehmen aus den unterschiedlichsten Branchen sowie nicht nur amerikanische Firmen, sondern solche auf allen Kontinenten. 31 % sind in den USA beheimatet, 21 % in Europa, 26 % in Asien, 7 % in Lateinamerika und 12 % in Großbritannien (gilt für den Report vom Mai 2020).

Definition von Diversität

An dieser Stelle ist es wichtig, sich einmal anzuschauen, was Diversität eigentlich bedeutet. Hierzu der Eintrag in Wikipedia (Wikipedia Diversität Soziologie):

Diversität (über englisch *diversity* von lateinisch *diversitas* „Verschiedenheit, Unterschied; Gegensatz, Widerspruch") bezeichnet ein Konzept der Soziologie und Sozialpsychologie zur Unterscheidung und Anerkennung von Gruppen- und individuellen Merkmalen (analog zur Bezeichnung *diversity* im englischen Sprachraum). Häufig wird auch die Bezeichnung **Vielfalt** benutzt.

Laut der Charta der Vielfalt gibt es 7 Kerndimensionen der Vielfalt (Charta der Vielfalt e. V.). Diese sind:

- Alter
- Ethnische Herkunft und Nationalität
- Geschlecht und geschlechtliche Identität
- Körperliche und geistige Fähigkeiten
- Religion und Weltanschauung
- Sexuelle Orientierung
- Soziale Herkunft

Diversität hat also viele Gesichter, doch in diesem Buch konzentriere ich mich (natürlich) auf das Geschlecht. Dieser Aspekt hat in den letzten Jahren die meiste Aufmerksamkeit erhalten. Frauen bilden die bedeutendste Gruppe in den Unternehmen hinsichtlich Diversität. Mehr von ihnen in Führungspositionen zu haben, wäre ein erster RIESIGER Schritt in die richtige Richtung, in die von mehr Vielfalt nämlich. Und das wird offenbar von immer mehr Arbeitgeber:innen so gesehen: Laut dem Factbook Diversity der Charta der Vielfalt 2021 fokussieren sich 95 % der Unternehmen auf Frauen als Hauptzielgruppe von Diversity-Aktivitäten (Charta der Vielfalt e. V. 2021).

Die Realität belegt allerdings eher fehlende Diversität. So sieht laut Allbright Stiftung die Zusammensetzung des Top-Managements der 100 größten deutschen Familienunternehmen aktuell wie folgt aus (Allbright Stiftung 2022):

- 92 % männlich
- 87 % deutsch
- 79 % Ausbildung in Westdeutschland

Demnach holt Stefan also weitere Stefans in die Unternehmen, bei der Nationalität herrscht eher Uniformität und Ostdeutsche sind nach wie vor unterrepräsentiert!

Wichtigste Ergebnisse zu Diversität

Unternehmen mit einem Frauenanteil von mehr als 30 % im Top-Management weisen signifikant bessere Finanz-Ergebnisse auf als jene mit einem Anteil von 10 bis 30 %. Und der Unterschied zwischen den besten und den schlechtesten 25 % der Unternehmen wird immer größer. Während das beste Viertel in 2014 noch eine „nur" 15 % höhere Wahrscheinlichkeit für eine Profitabilität über dem Durchschnitt hatte, waren es in 2019 schon 25 %. Die Top-Performer beim Frauenanteil haben also eine klar größere Chance auf bessere Resultate als jene Unternehmen am unteren Ende der Skala, die das Thema offensichtlich nicht auf der Agenda haben. Die „Strafe" für Unternehmen mit wenigen oder keinen Frauen fällt ebenso deutlich aus: Das schlechteste Viertel hatte 2019 mit einer Wahrscheinlichkeit von 9 % underperformed, bis 2019 war dieser Wert auf 19 % angewachsen (McKinsey & Company 2020).

Die Studie „The mix that matters" der Boston Consulting Group (BCG) stellte fest (Rocío Lorenzo et al. 2017): Es gibt einen signifikanten Zusammenhang zwischen Diversität und Innovation, das heißt: Je diverser das Unternehmen, desto mehr Umsatz mit neuen Produkten und Services.

Wer sie finden will, der findet qualifizierte Frauen

Ich höre ja in vielen Unternehmen, dass keine qualifizierten Frauen zu finden seien, auch wenn man sich so um welche bemühe. Natürlich kann dies vorkommen, ich frage jedoch gerne zweimal nach. Denn Vorurteile, fehlende oder falsche Prozesse können schnell dazu führen, dass die neuen Positionen entweder für die Frauen selbst unattraktiv sind oder das Top-Management voreingenommen auf die Kandidatinnen blickt.

Diese Zahlen sprechen eine deutliche Sprache: 2021 betrug der Anteil von Frauen in Vorstandspositionen in den 100 größten deutschen Unternehmen 16,4 % – immerhin ist er seit 2006, als es nur 0,2 % waren, stark gestiegen (Statista 2022). Viele meiner Kund:innen, die den Fokus auf dieses Thema legen, haben keine Schwierigkeiten, qualifizierte Frauen zu finden. Die Talent-Pipelines sind tatsächlich gut gefüllt.

Ein weiterer Punkt, wieso Top-Manager keine qualifizierten Frauen finden: Die gelernten und traditionellen Wege funktionieren nicht mehr. Früher haben die Männer ihre Netzwerke analysiert und einen geeigneten Kandidaten im eigenen Umfeld ausgemacht. Oft lautete das Motto: Stefan rekrutiert Stefan und Michael einen weiteren Michael, denn es ist vermeintlich leichter, Personen mit ähnlichem Verhaltensmuster und ähnlichen Eigenschaften in das Team zu holen. Frauen bewegen sich jedoch meist in einem anderen Netzwerk und aus diesem Grund sollte die Suche anders und ohne Vorurteile erfolgen.

Bei uns geht es gut

Anfang 2022 sprach ich mit der Personalchefin eines großen Unternehmens aus der Baubranche. Der Frauenanteil in ihrem Betrieb beträgt etwa 20 % UND sie erzählte mir, dass sich derzeit auf fast alle Ausschreibungen mehr Frauen als Männer bewerben und somit auch der Frauenanteil im Unternehmen steige. Ich fragte natürlich nach den Gründen.

Die Antwort: Das Unternehmen fokussierte sich bei den Stellenanzeigen auf Nachhaltigkeit und wählte die Sprache so, dass die Stellen tendenziell eher Frauen ansprechen.

So wurde z. B. die Suche nach einer „durchsetzungsstarken Vertriebspersönlichkeit" ersetzt durch „Relationship-Manager:in". Das Anforderungsprofil der Kandidat:in war realistisch und deckte nicht alle möglichen Eventualitäten ab.

Für mich eine Success-Story, die belegt, dass alles möglich ist, wenn wir wirklich nach Lösungen suchen!

In diesem Zusammenhang sei auch erwähnt, dass es zwischen den Ländern große Unterschiede gibt. Laut dem Allbright-Bericht vom Oktober 2021 hinken deutsche Unternehmen weiter hinterher.

In den USA sind beispielsweise 31,1 % der Vorstände weiblich, in Großbritannien immerhin 27,4 % und in Schweden 27,1 %. Deutschland fällt mit 18,2 % Frauenanteil weit zurück, nur Polen schneidet schlechter ab (Allbright Stiftung gGmbH 2021).

Diversity Management bringt klare Vorteile
Alle Unternehmen und Menschen, die sich stärker auf Diversität fokussieren wollen, werden vermutlich in ihrem Umfeld Überzeugungsarbeit leisten müssen. Dafür möchte ich dir und euch nun einige Argumente und Informationen an die Hand geben, die aus dem „Factbook Diversity" des Vereins Charta der Vielfalt e. V. stammen (Charta der Vielfalt e. V. 2021):

- Diverse Teams sind innovativer und entwickeln kreative Ideen und Lösungen.
- Unternehmen, die auf Vielfalt setzen, steigern ihre Attraktivität nach innen und nach außen.
- Unterschiedliche Sichtweisen und Kulturen der Mitarbeiter:innen ermöglichen ein besseres Verständnis ausländischer Kund:innen und verschiedener Zielgruppen.
- Fehlzeiten und Fluktuation werden reduziert, wenn sich die Mitarbeiter:innen wertgeschätzt fühlen sowie die unterschiedlichen und vielfältigen Talente gesehen und hervorgehoben werden.

Hoffnung gibt, dass bereits 3800 Unternehmen in Deutschland eine Charta der Vielfalt unterzeichnet und sich somit zu Diversität verpflichtet haben.

Immerhin zwei von drei deutschen Unternehmen sagen, dass Diversität konkrete Vorteile bringe, und bei den Unterzeichner:innen der Charta der Vielfalt sind es immerhin 97 % (Charta der Vielfalt e. V. 2022). Das ist ein klares Commitment für mehr Vielfalt und es zeigt, dass durchaus bereits ein Bewusstsein für deren Vorteile vorhanden ist. Diejenigen, welche die Charta unterzeichnet haben, glauben zudem mehrheitlich daran, dass das Thema in Zukunft immer wichtiger werden wird.

Als wichtigste Diversity-Maßnahmen werden in der Charta der Vielfalt folgende angeführt:

- Flexible Arbeitszeit in Ausnahmesituationen
- Arbeitszeit-Flexibilisierung
- Arbeitsort-Flexibilisierung

Es geht also um Flexibilität – und das sollte ja eigentlich nichts Neues sein!

Her mit der Quote

Das Thema „verpflichtende Frauenquote" wird immer wieder eingehend und kontrovers diskutiert. Alle HR- und Diversitäts-Manager:innen, die ich kenne, sind inzwischen für eine verpflichtende Quote – auch die meisten erfolgreichen Frauen in meinem Umfeld. Ich gehörte lange zu den Skeptikerinnen. Ich dachte: „Ich möchte keine Quotenfrau sein, sondern aufgrund meiner Qualifikationen befördert werden oder eine Stelle erhalten." Das war so, bis ich erkannte, dass das eine das andere nicht ausschließt. Die vielen niederschmetternden Erfahrungsberichte von tollen Frauen, der sehr langsame Fortschritt in den Unternehmen, das Festhalten zahlreicher Top-Manager am Status quo, der ihnen scheinbar Vorteile bringt, haben meine Meinung dramatisch geändert. Ja, eine Quote ist kein ideales Szenario. Ich wünschte, wir würden keine Zielvorgabe benötigen, um Veränderungen zu forcieren.

Aber so ist es eben leider nicht, was ich nach und nach erkennen musste. Auch ich habe nämlich negative Erfahrungen gemacht. Zum Beispiel sagte mir einmal ein Head of Human Resources: „Ich kann Ihnen den Auftrag für dieses Projekt nicht geben. Als Frau würden sie von den Partnern nicht akzeptiert. Da benötigen wir einen Mann!"

Ein provokativer Ansatz wäre: Solange die Zahl der „unfähigen" Frauen in den Top-Positionen von Unternehmen nicht der der unqualifizierten Männer entspricht, die sich dort tummeln, haben wir noch viel zu tun und benötigen eine Quote. – Das ist zumindest Stoff zum Nachdenken, wie ich finde.

Und wenn ich Greta Thunberg wäre, dann würde ich einen noch viel radikaleren Ansatz wählen und die Unternehmen zur Quote auf ALLEN Management-Ebenen verpflichten. Ganz nach dem Motto von Greta: „Das Haus brennt!"

3.2 Gleichberechtigung als internationales Ziel

Im Jahr 2015 verabschiedete die Generalversammlung der Vereinten Nationen die „Agenda 2030 für Nachhaltige Entwicklung", die unter anderem 17 *Sustainable Development Goals* (SDGs) enthält. Die umfassen soziale, ökologische und ökonomische Aspekte und haben das höchst ehrgeizige Ziel einer Transformation unserer Welt (SDG Watch Austria). Unter anderem geht es um Bekämpfung von Armut und Hunger, Zugang zu sauberem Wasser, weniger Ungerechtigkeiten und mehr Maßnahmen für Klimaschutz. Ich möchte vor allem auf das fünfte Ziel näher eingehen, das so lautet:

Geschlechtergerechtigkeit und Empowerment für alle Frauen und Mädchen
Damit sind die Gleichstellung der Geschlechter und die Selbstbestimmung aller Frauen und Mädchen gemeint. Immer noch treffe ich auf Manager oder auch Managerinnen, die mit diesem Thema noch nie konfrontiert worden sind. Ihnen kann ich nur sagen: Es ist international anerkannt, dass es keine Gleichstellung der Geschlechter gibt. Ergo haben wir Handlungsbedarf.

Weil es wichtig ist, schauen wir uns auch die Unterpunkte des fünften SDGs an. Gefordert wird (SDG Watch Austria):

- **5.1** Alle Formen der Diskriminierung von Frauen und Mädchen überall auf der Welt beenden
- **5.2** Alle Formen von Gewalt gegen alle Frauen und Mädchen im öffentlichen und im privaten Bereich einschließlich des Menschenhandels und sexueller und anderer Formen der Ausbeutung beseitigen

- **5.3** Alle schädlichen Praktiken wie Kinderheirat, Frühverheiratung und Zwangsheirat sowie die Genitalverstümmelung bei Frauen und Mädchen beseitigen
- **5.4** Unbezahlte Pflege- und Hausarbeit durch die Bereitstellung öffentlicher Dienstleistungen und Infrastrukturen, Sozialschutzmaßnahmen und die Förderung geteilter Verantwortung innerhalb des Haushalts und der Familie entsprechend den nationalen Gegebenheiten anerkennen und wertschätzen.
- **5.5** Die volle und wirksame Teilhabe von Frauen und ihre Chancengleichheit bei der Übernahme von Führungsrollen auf allen Ebenen der Entscheidungsfindung im politischen, wirtschaftlichen und öffentlichen Leben sicherstellen
- **5.6** Den allgemeinen Zugang zu sexueller und reproduktiver Gesundheit und reproduktiven Rechten gewährleisten, wie im Einklang mit dem Aktionsprogramm der Internationalen Konferenz über Bevölkerung und Entwicklung, der Aktionsplattform von Beijing und den Ergebnisdokumenten ihrer Überprüfungskonferenzen vereinbart
- **5.a** Reformen durchführen, um Frauen die gleichen Rechte auf wirtschaftliche Ressourcen sowie Zugang zu Grundeigentum und zur Verfügungsgewalt über Grund und Boden und sonstige Vermögensformen, zu Finanzdienstleistungen, Erbschaften und natürlichen Ressourcen zu verschaffen, im Einklang mit den nationalen Rechtsvorschriften
- **5.b** Die Nutzung von Grundlagentechnologien, insbesondere der Informations- und Kommunikationstechnologien, verbessern, um die Selbstbestimmung der Frauen zu fördern
- **5.c** Eine solide Politik und durchsetzbare Rechtsvorschriften zur Förderung der Gleichstellung der Geschlechter und der Selbstbestimmung aller Frauen und Mädchen auf allen Ebenen beschließen und verstärken

Besonders wichtig im deutschsprachigen Raum erscheinen mir die Punkte 5.4 und 5.5. Letzterer reflektiert auf das zentrale Anliegen dieses Buchs, nämlich mehr Frauen in Führungspositionen zu bringen, und mehr Gerechtigkeit in der Verteilung der Care-Arbeit ist eine der Voraussetzungen dafür. – SDG Nr. 5 zeigt: Es ist auf internationaler

Ebene klar und anerkannt, dass wir auf der Welt ein Thema mit eben diesem Punkt haben und etwas tun müssen. Und das sind *good news.*

3.3 Frauen sind tolle Führungskräfte – auch in der Krise

Wenn es um ein Fußballspiel ginge, dann würde ich jetzt sagen: „Die Frauen gehen als Gewinnerinnen vom Feld." – Warum? Nun, weil doch wohl längst jegliche Vorurteile widerlegt sind. Würden Top-Manager das anerkennen, könnten sie nie mehr wieder sagen, Frauen würden führungsunfähig oder eben einfach keine tollen Führungskräfte sein. Wir sind aber nicht auf dem Fußballplatz. Also starten wir von vorne:

Die Vorurteile gegenüber Frauen in Führungspositionen, die mir auf meinem bisherigen Lebensweg begegnet sind, würden dieses Buch füllen. Frauen werden sowohl von Männern als auch von anderen Frauen genau beäugt, analysiert, kommentiert und kritisiert. Vorurteile und stereotype Zuschreibungen spielen dabei eine große Rolle. Und, ja, es ist unmöglich, es allen recht zu machen. Und, ja, Frauen werden häufiger unter die Lupe genommen als Männer – vor allem in puncto Kleidung, Aussehen und Leistung. Es ist für viele Frauen schwierig, sich auf ihrem Weg nach oben der Männerwelt nicht anzupassen, sondern ihren eigenen Fähigkeiten treu zu bleiben sowie diesen und sich selbst zu vertrauen.

Genau hier möchte ich einhaken, denn: Die Vorurteile und die Voreingenommenheit gegenüber Frauen in der Führung sind inkorrekt und ungerechtfertigt. Meiner Überzeugung nach wurde das in der Corona-Krise nicht nur bestätigt, sondern Frauen fielen in dieser Zeit eher noch mehr als vorher positiv auf: Immer wieder gibt es Anekdoten und Vergleiche, die belegen, dass Frauen in der Politik ihre Länder besser durch die Krise gebracht haben als Männer. Untersuchungen bestätigen diesen Eindruck. Laut einer Studie von Zenger Folkman sind wichtige Daten wie die Zahl der Infektionen mit SARS-CoV-2 und die Zahl der Sterbefälle systematisch besser in jenen Ländern, die von Frauen geführt werden beziehungsweise wurden (Jack Zenger und Joseph Folkman 2020).

**Frauen waren in der Krise
die effektiveren Führungskräfte**

**Einschätzung der grundsätzlichen Effektivität
der Führungskräfte**

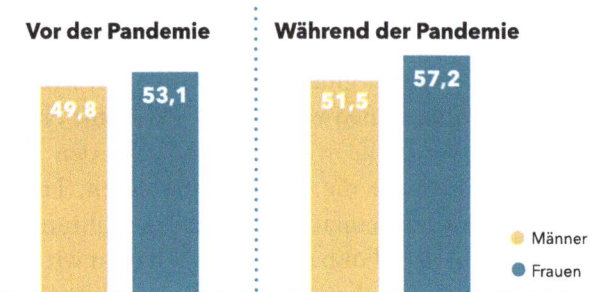

(Studie basiert auf der Analyse eines 360-Grad Feedbacks
zwischen März und Juni 2020, die Bewertung fiel während der
ersten Pandemie-Welle noch deutlicher für die Frauen aus)

Abb. 3.1 Frauen in der Krise die besseren Führungskräfte. (Quelle: Zenger und
Folkman, 2020 © Maren Wölfl 2022. All Rights Reserved)

In 2020 wurde von Zenger Folkman die „Leadership Effectiveness"
von Frauen und Männern vor und während der Pandemie gemessen
(Jack Zenger, Joseph Folkman 2020). Die Ergebnisse zeigt Abb. 3.1.

Wie wir sehen, wurden Frauen von ihren Mitarbeiter:innen schon
vor der Pandemie als effektivere Führungskräfte gesehen. In der
Pandemie wurde dieser Vorsprung sogar noch größer: Laut einem
360-Grad-Feedback[1] wurden vor der Pandemie 49,8 % der Manager
als effektiv bewertet, aber 53,1 % der Managerinnen – also ein Vorsprung der Frauen von 3,3 %-Punkten. Während der Pandemie wuchs
dieser an. Die weiblichen Führungskräfte wurden nun zu 57,2 % als

---

[1] 360-Grad-Feedback bezeichnet eine Methode zur Bewertung der Kompetenzen und Leistungen
aus verschiedenen Perspektiven, etwa denen von Mitarbeiter:innen, Vorgesetzten, Kundinnen
und Kunden etc.

effektiv gesehen, die männlichen nur zu 51,5 % – ein Abstand von 5,7 %-Punkten (Jack Zenger und Joseph Folkman 2020).

In der gleichen Studie wurden weibliche und männliche Führungskräfte zudem nach den Führungskompetenzen bewertet. Dabei haben in 2020 bei folgenden 13 von insgesamt 19 Kompetenzen Frauen besser abgeschnitten als Männer:

- zeigt Initiative
- lernt schnell
- inspiriert und motiviert andere
- entwickelt andere
- baut Beziehungen auf
- weist eine hohe Integrität und Ehrlichkeit auf
- kommuniziert klar und produktiv
- Zusammenarbeit und Teamwork
- Veränderungsbereitschaft
- trifft gute Entscheidungen
- orientiert sich an Resultaten
- schätzt Diversität
- setzt erreichbare Ziele

Bei den übrigen 6 Kompetenzen haben Männer signifikant besser abgeschnitten als Frauen:

- innovativ
- löst Probleme und zeigt Analysefähigkeiten
- Fokus auf Kunden und Externe
- entwickelt eine strategische Perspektive
- technische oder professionelle Expertise
- übernimmt Risiko

Mir ist in diesem Zusammenhang wichtig, dass es keineswegs um ein Gegeneinander geht. Auch wenn Kompetenzen von Frauen und Männern bewertet und so zwangsläufig verglichen werden, sollten wir nicht in den Kategorien „besser" und „schlechter" denken. Entscheidend ist vielmehr die Erkenntnis, dass Frauen es KÖNNEN! Sie

Mitarbeiter:innen von Frauen zeigen einen höheren Einsatz und mehr Engagement

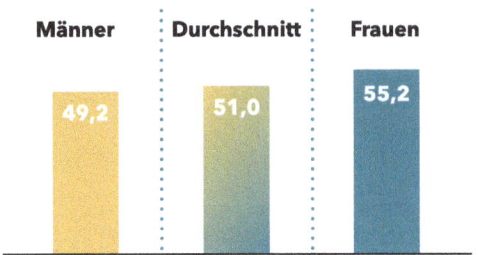

Einsatz/Engagement der Mitarbeiter:innen nach Geschlecht

Männer	Durchschnitt	Frauen
49,2	51,0	55,2

Basiert auf den Antworten der direkten Mitarbeiter:innen auf die Frage des eigenen Engagements während der Pandemie.

Abb. 3.2 Mitarbeiter:innen von Frauen zeigen höheren Einsatz und mehr Engagement. (Quelle: Zenger und Folkman 2020 © Maren Wölfl 2022. All Rights Reserved)

können führen, sie dürfen Vertrauen in sich selbst und ihre Fähigkeiten haben. Frauen sind tolle Führungskräfte und das wird in den Studien bestätigt.

THINK BIG and START SMALL

Und noch ein Punkt pro weibliche Führungskräfte: Die Mitarbeiter:innen von Frauen waren in der Pandemie engagierter und zeigten mehr Einsatz (Abb. 3.2, Zenger und Folkman 2020).

Diese Unterschiede zwischen Frauen und Männern als Führungskräfte sind verständlich, wenn wir einen Blick auf die Kompetenzen werfen, die laut Zenger und Folkman (2020) von den direkten Mitarbeiter:innen als „sehr wichtig während der Krise" angesehen wurden. Zu diesen gehören „inspiriert und motiviert", „kommuniziert klar", „baut Beziehungen auf" und viele andere mehr. Logisch, dass Menschen, die unter Frauen arbeiteten, selbst alles gaben.

Das wird auch von einer bekannten McKinsey-Studie belegt, die seit vielen Jahren durchgeführt wird: *„Women in Workplace 2021"* zeigt, dass Frauen aufgrund von Corona viel öfter Burnout-gefährdet waren als in „normalen" Zeiten, jedoch trotz des höheren Stresslevels und ihrer Erschöpfung als die besseren Führungskräfte wahrgenommen wurden. Im Vergleich zu Männern unterstützten Frauen ihre Teams besser, förderten eher Diversität und Inklusion (Mc Kinsey & Company 2021).

3.4 Parenting is like Leadership

Nach dem fünften Jahresbericht des Bright Horizons Modern Family Index ist *„Leading like a mom"* das, was Unternehmen fehlt, um ihr volles Potenzial entfalten zu können. Mutterschaft sei das beste Übungs-gelände für Leadership (Bright Horizons Family Solutions 2022a). Das klingt doch toll, oder?

Ich möchte nochmals betonen, dass wir nicht Frauen gegen Männer ausspielen dürfen. Wir brauchen sicher nicht NUR Frauen oder NUR Mütter in Führungspositionen. Es funktioniert aber offensichtlich auch nicht, wenn diese NUR Männer innehaben und dort zudem nur eine Hautfarbe vorkommt, wie es derzeit meist der Fall ist.

Mütter bringen viele Fähigkeiten ein, wenn sie Führungspositionen erklimmen. Sie fördern und fordern die Mitarbeiter:innen, sodass Bestleistungen möglich sind. Im genannten Jahresbericht von Bright Horizons Family Solutions werden Mütter auch als ruhiger in Krisen-situationen und diplomatischer beschrieben. Viele Mütter würden wahrscheinlich ergänzen, dass sie gut zuhören könnten und Teamplayer seien – auch das wird in dem Bericht bestätigt (Bright Horizons Family Solutions 2022b).

Wenig Selbstbewusstsein trotz hinzugewonnener Fähigkeiten

Viele Menschen empfinden die Elternzeit oder Karenz als bereichernd für ihre Rolle als Mutter oder Vater. „Kinder sind schließlich das Wichtigste im Leben" ist ein Satz, den wohl alle unterschreiben, die eine Tochter oder einen Sohn oder beides haben.

In der Arbeitswelt aber gilt die Karenz beziehungsweise Elternzeit immer noch als „verlorene Zeit"! Ich erlebe oft, dass Frauen, die danach wieder ins Berufsleben einsteigen, kein Bewusstsein dafür besitzen, welch wertvolle Fähigkeiten sie sich während der „Pause" angeeignet haben. Stattdessen sagen sie Sätze, die von mangelndem Selbstbewusstsein künden. Es sind Sätze wie: „Ich habe ja ein Jahr verloren und war nur bei den Kindern." In gewisser Weise ist diese Einschätzung verständlich, weil eben Unternehmen die gewonnenen Kompetenzen zu wenig würdigen oder gar nicht bemerken.

Und dennoch ist die Beschreibung der Karenz/Elternzeit als Verlust natürlich falsch. Wenn du dich darin wiedererkannt hast, ist es Zeit für eine Änderung des Mindsets. Doch dazu kommen wir noch.

Eltern sind genau betrachtet Universalgenies. Vor allem auf Mütter trifft das zu. (Auf Väter würde es auch zutreffen, wenn sie mehr Verantwortung bei der Kindererziehung übernehmen würden.) Mütter geben jeden Tag das Beste für ihre Kinder. Es geht ihnen meist darum, dass sich die Kids (halbwegs) gesund und vitaminreich ernähren und nicht einfach den Hunger stillen. Mütter (und Väter) haben so viele Hüte auf, achten nicht nur auf die kurzfristigen Erfolge ihres Nachwuchses, sondern haben dessen langfristiges Wohlergeben im Blick. Das ist eine sehr nachhaltige Denkweise. Wir planen und benötigen deshalb kurzfristig Flexibilität.

Im Rahmen einer Studie zu „Elternkompetenzen & Arbeit" sagen die Psychologin Dr. Nina M. Junker und der Psychologe Joachim E. Lask:

74 % der erwerbstätigen Eltern mit Führungsverantwortung gaben an, mit ihren Elternkompetenzen auch bessere Führungskräfte zu sein (Joachim E. Lask, und Dr. Nina M. Junker 2018a).

Im selben Bericht werden drei Kompetenzbereiche angegeben, in denen sich Eltern Fähigkeiten aneignen, die in der Arbeitswelt dringend benötigt werden:

- **beziehungsorientierte Kompetenzen** wie adressengerechte Kommunikation, Perspektivenübernahme, Konfliktlösung
- **aufgabenbezogene Kompetenzen** wie Organisation, Prioritätensetzung, Delegation, konsequentes Handeln sowie **Arbeitsweisen** wie Flexibilität, Multitasking, Effizienz, Zuverlässigkeit, Spontaneität
- **Selbstkompetenzen** wie Belastbarkeit, Geduld, Emotionskontrolle, Selbstreflexion

---

„Mama, ich will unbedingt reiten gehen!"

Diesen Satz meiner kleinen Tochter habe ich oft gehört. Zugegebenermaßen bin ich kein großer Fan des Reitsports. Doch irgendwann habe ich sie dann doch mal zum Reithof gebracht und ihr beim Reiten zugesehen. So viel Begeisterung. So viel Liebe zu Pferden. So ein glückliches Gesicht. So ein Strahlen in ihren Augen.

Als Mama ist es meine Aufgabe, die Talente meiner Kinder und ihre Lebensfreude zu fördern. Genau hinzuschauen und zu spüren, was das Richtige für sie ist. Nicht meine Brille aufzusetzen, sondern die Brillen der Kinder (die so oft etwas anderes sehen als ich).

Im Unternehmen ist zwar ein bisschen anders, aber doch ähnlich. Wenn Mitarbeiter:innen gemäß ihren Talenten und Fähigkeiten eingesetzt werden, dann sind sie im Flow. Begeisterung ist zu spüren. Es läuft. Alle bemerken das, lassen sich vom Spaß an der Arbeit anstecken. Das Team arbeitet motiviert.

Same same but different

Um die oben genannten Kompetenzbereiche greifbarer zu machen, haben Stephanie Robben-Beyer und ich die Kompetenzen von Müttern zu Hause und im Unternehmen verglichen (vgl. Tab. 3.1) Ich würde sagen, es gilt: same same but different.

Noch einmal zurück zur Studie „Elternkompetenzen & Arbeit". Laut dieser (Joachim E. Lask und Dr. Nina M. Junker 2018b) stimmen vier von fünf Eltern folgender Aussage zu: „Im Zusammenleben mit meiner

Tab. 3.1 Was Kompetenzen von Müttern den Unternehmen bringen

Für den privaten Bereich gilt	So ist es in den Unternehmen
Frauen lernen in der Elternzeit mit den Kindern so viel	Diese Kompetenzen werden in der Führung von morgen dringend benötigt
Als Mutter handle ich flexibel, situations- und personenbezogen	Diese Kompetenzen sind als Führungskraft für mein diverses Team sehr wichtig!
Als Mutter bin ich Vorbild für meine Kinder. Oft muss ich nicht reden, denn sie imitieren mich ohnehin	Auch in der Führung geht es um „walk the talk", also darum, Worten Taten folgen zu lassen – und Mitarbeiter:innen spüren, ob es authentisch ist
Kind 1 will ein Eis und Kind 2 auf den Spielplatz. As Mutter finde ich mit Empathie eine Lösung	Mitarbeiter:innen haben unterschiedliche Ideen. Es gilt, sie gemeinsam auf einen Nenner zu bringen
Als Mutter schaffe ich eine Umgebung, in der meine Kinder wachsen können	Die Aufgaben einer guten Führungskraft sind das Fördern und Entwickeln der Mitarbeiter:innen
Als Mutter bin ich Coach, Förderin, Trainerin, Beraterin und Kritikerin für meine Kinder	Auch in den Unternehmen gibt es viele Aufgaben und Rollen, die eine gute Führungskraft erfüllt und ausfüllt!
Planen und Organisieren gehören zu den wichtigsten Fähigkeiten einer Mutter. Aber bitte mit Flexibilität!	In den Unternehmen werden viele Pläne gemacht und Ziele definiert. Oft ist „situative Flexibilität" gefragt!
Als Mama muss ich Vertrauen in meine Kinder haben. Nur so können sie ihren Weg gehen!	In Zeiten von Homeoffice müssen wir weg von Kontrolle und hin zu Vertrauen in die Mitarbeiter*innen
Als Mama erkenne und fördere ich die Talente meiner Kinder – bei der Schulauswahl und bei Hobbys!	Als Führungskraft ist es meine Aufgabe, die Mitarbeiter:innen so einzusetzen, wie es ihren Fähigkeiten entspricht
Die Tage als Mutter sind lang. Ich muss darauf achten, meine eigenen Batterien wieder aufzuladen!	Das Top-Management meistert täglich den Spagat zwischen Höchstleistung und Regeneration!

Familie habe ich bestimmte Kompetenzen (weiter-)entwickelt." Nun gilt es „nur" noch, das in die Unternehmen zu tragen. Manager:innen sollten diese Fähigkeiten sehen, anerkennen und würdigen.

> **Lebenslauf von Vätern**
>
> Vor vielen Jahren nahm ich an einem Kongress teil, auf dem auch der dänische Familienminister sprach. Er gab mir die wichtige Information, dass in seinem Land Lebensläufe von Männern kritisch auf Eltern-kompetenzen hin analysiert werden. So sagte er: „Der Lebenslauf eines dänischen Vaters sollte eine ‚Lücke' aufweisen!" Zuerst war ich irritiert und schüttelte innerlich den Kopf. Er legte noch einen Satz drauf und meinte: „Ein dänischer Vater sollte auch eine Zeit lang zu Hause bei den Kindern gewesen sein und sie betreut haben. Sollte das nicht der Fall sein, so wird das als Nachteil angesehen!"
>
> WOW – das war vor mehr als zehn Jahren und ich weiß noch, dass ich von diesem Satz sehr beeindruckt war.

Es steht also 4:0 für Frauen

- Diverse Teams sind einfach erfolgreicher.
- Gleichberechtigung ist ein international anerkanntes Ziel – auch in Bezug auf Frauen in Führungspositionen.
- Frauen sind effektive Führungskräfte mit engagierten Mitarbeiter: innen.
- Mütter bringen viele Fähigkeiten in die Unternehmen ein, die mehr geschätzt werden sollten.

3.5 Gibt es einen Business Case für Männer in Führung?

Zum Abschluss dieses Kapitels noch eine provokante Aufforderung: Lasst uns doch die Medaille umdrehen und fragen, ob es Studien gibt, die belegen, dass Männer die besseren Führungskräfte sind. Hat es also einen guten Grund, dass Männer an der Spitze der Unternehmen stehen und auch in der ersten Reihe in der Politik?

Nun, den Business Case für Männer in Führung gibt es insofern, als immer noch die allermeisten Top-Positionen mit Männern besetzt sind. Es ist also einfach die Realität, die wir analysieren können.

Laut „Gallup Engagement Index" machten rund zwei Drittel aller Mitarbeiter:innen in Deutschland im ersten Pandemie-Jahr 2020 „Dienst nach Vorschrift" und fühlten sich nur wenig ans Unternehmen gebunden (Ute Wolter 2021). Was sind die Gründe dafür? Hierauf sagt Pa Sinyan, Managing Partner von Gallup Europe: „Nur wenige Vorgesetzte sind in der Lage, Teams achtsam, zielorientiert und wertschätzend durch die Krise zu führen." (Claudia Tödtmann 2021)

Conclusio: Es gibt keinen Business Case für Männer in Führung, der einen herausragenden Erfolg belegen würde. Vielmehr ist die aktuelle Situation in den deutschen Unternehmen besorgniserregend.

Dazu noch eine Bemerkung: Das Consulting-Unternehmen Harbinger AG hat sich Studien und Statistiken zu Kündigungsgründen von Mitarbeiter:innen angeschaut und zitiert unter anderem die folgenden zwei Ergebnisse (Harbinger AG).

- 43 % von über 2000 Mitarbeitern geben die Unternehmenskultur als Hauptgrund dafür an, warum sie einen Jobwechsel anstreben.
- Mehr Empathie des Vorgesetzten würde 92 % dazu veranlassen, bei ihrem Arbeitgeber zu bleiben.

Literatur

Allbright Stiftung gGmbH (2021) Aufbruch oder Alibi? Viele Börsenvorstände erstmals mit einer Frau. https://static1.squarespace.com/static/5c7e8528f4755a0bedc3f8f1/t/617ab5a77069070631d64edf/1635431858323/AllBright+Bericht+Herbst+2021_Aufbruch+oder+Alibi_.pdf. Zugegriffen: 21. Juli 2022

Allbright Stiftung gGmbH (2022) Stillstand. Familienunternehmen holen keine Frauen in die Führung. https://static1.squarespace.com/static/5c7e8528f4755a0bedc3f8f1/t/6285ed58d2d2700b13058d69/1652944237388/Allbright+Bericht+Frühjahr+2022_.pdf. Zugegriffen: 26. Juli 2022

Bright Horizons Family Solutions (2022a) Modern Family Index Shows Motherhood Penalty in American Workplace. https://www.brighthorizons.com/newsroom/modern-family-index-2018. Zugegriffen: 21. Juli 2022

Bright Horizons Family Solutions (2022b) Modern Family Index Working moms, natural leaders. https://www.brighthorizons.com/text-pages/working-moms-natural-leaders. Zugegriffen: 21. Juli 2022

Charta der Vielfalt e. V. (2022) Diversity Trends. https://www.charta-der-vielfalt.de/aktivitaeten/studie-diversity-trends/. Zugegriffen: 21. Juli 2022

Charta der Vielfalt e. V. (2021) Factbook Diversity. https://www.charta-der-vielfalt.de/fileadmin/user_upload/Diversity-Tag/2021/Factbook_2021.pdf. Zugegriffen: 21. Juli 2022

Charta der Vielfalt e. V. Vielfaltsdimensionen. https://www.charta-der-vielfalt.de/fuer-arbeitgebende/vielfaltsdimensionen/. Zugegriffen: 21. Juli 2022

Claudia Tödtmann (2021) Gallup-Studie 2020: Die Top-Manager haben bei der Pandemie einen guten Job gemacht, die Führungskräfte eher nicht. Management-Blog, Wirtschaftswoche. Kurzarbeit verzeihen die Mitarbeiter nicht. https://blog.wiwo.de/management/2021/03/18/gallup-studie-2020-die-top-manager-haben-bei-der-pandemie-einen-guten-job-gemacht-die-fuehrungskraefte-eher-nicht-kurzarbeit-verzeihen-die-mitarbeiter-nicht/. Zugegriffen: 21. Juli 2022

Stephanie Robben-Beyer. https://www.dr-robben-coaching.de/. Zugegriffen: 21. Juli 2022

eco – Verband der Internetwirtschaft e. V. (2017) In welchen Jobs arbeiten wir 2035? https://www.eco.de/presse/in-welchen-jobs-arbeiten-wir-2035/. Zugegriffen: 21. Juli 2022

Harbinger AG Warum kündigen Mitarbeiter? 20 Studien & Statistiken, die Sie in 2022 kennen sollten. https://www.harbinger-consulting.com/blog/warum-kuendigen-mitarbeiter/. Zugegriffen: 21. Juli 2022

Jack Zenger, Joseph Folkman (2020) Research: Women Are Better Leaders During a Crisis. harvard Business Review. https://hbr.org/2020/12/research-women-are-better-leaders-during-a-crisis. Zugegriffen: 21. Juli 2022

Joachim E. Lask, Dr. Nina M. Junker (2018a) Eltern erkennen ihre in der Familie entwickelten Kompetenzen. https://www.workfamily-enrichment.de/wp-content/uploads/2018/03/Bericht_1-1.pdf. Zugegriffen: 21. Juli 2022

Joachim E. Lask, Dr. Nina M. Junker (2018b) Führungskompetenz – learning by family. WorkFamily-Institut. https://www.workfamily-enrichment.de/

wp-content/uploads/2018/05/Bericht_3.1_kurz.pdf. Zugegriffen: 21. Juli 2022

McKinsey & Company (2020) Diversity wins. https://www.mckinsey.com/~/media/mckinsey/featured%20insights/diversity%20and%20inclusion/diversity%20wins%20how%20inclusion%20matters/diversity-wins-how-inclusion-matters-vf.pdf. Zugegriffen: 21. Juli 2022

Mc Kinsey & Company (2021) Women in the Workplace. https://wiw-report.s3.amazonaws.com/Women_in_the_Workplace_2021.pdf. Zugegriffen: 21. Juli 2022

Rocío Lorenzo, Nicole Voigt, Karin Schetelig, Annika Zawadzki, Isabelle Welpe, Prisca Brosi (2017) The mix that matters. Boston Consulting Group. https://www.bcg.com/publications/2017/people-organization-leadership-talent-innovation-through-diversity-mix-that-matters. Zugegriffen: 21. Juli 2022

SDG Watch Austria Geschlechtergleichstellung. https://www.sdgwatch.at/de/ueber-sdgs/5-geschlechtergleichstellung/. Zugegriffen: 21. Juli 2022

SDG Watch Austria Über die Sustainable Development Goals (SDGs). https://www.sdgwatch.at/de/ueber-sdgs/. Zugegriffen: 21. Juli 2022

Statista (2022) Frauenanteil in den Vorständen[1] der 100 bzw. 200 größten deutschen Unternehmen[2] von 2006 bis 2021. https://de.statista.com/statistik/daten/studie/180102/umfrage/frauenanteil-in-den-vorstaenden-der-200-groessten-deutschen-unternehmen/. Zugegriffen: 21. Juli 2022

Sundiatu Dixon-Fyle, Kevin Dolan, Vivian Hunt, Sara Prince (2020) Diversity wins: How inclusion matters. McKinsey & Company. https://www.mckinsey.com/featured-insights/diversity-and-inclusion/diversity-wins-how-inclusion-matters. Zugegriffen: 21. Juli 2022

Ute Wolter (2021) Gallup Engagement Index: Zwischen Bindungsgefühl und Abwanderungsgedanken. Personalwirtschaft. https://www.personal-wirtschaft.de/news/personalentwicklung/wie-steht-es-um-die-mitarbeiter-bindung-in-der-pandemie-96969/. Zugegriffen: 21. Juli 2022

Wikipedia Diversität (Soziologie) https://de.wikipedia.org/wiki/Diversit%C3%A4t_(Soziologie). Zugegriffen: 21. Juli 2022

4

Best Practice: Blick über den Tellerrand auf andere Länder

> **》** Another world is not only possible, she is on her way. On a quiet day, I can hear her breathing.
>
> Arundhati Roy

In Diskussionen mit Manager:innen aus verschiedenen Unternehmen mache ich immer wieder die Erfahrung, dass unser eigener Status quo als gegeben und universell gültig angesehen wird. So, wie die aktuelle Lage für Frauen und Eltern in Deutschland, Österreich und der Schweiz ist, so ist es doch überall, oder?

Als junge Frau und frischgebackene Mutter lernte ich, dass Kinder auf der ganzen Welt unterschiedlich aufwachsen und es – zum Beispiel – große Unterschiede bei den Themen Impfen, Stillen, Schlafen und Schulbildung gibt. Das hat mich sehr frei in meiner Denkweise gemacht.

© Der/die Autor(en), exklusiv lizenziert an Springer-Verlag GmbH, DE, ein Teil von Springer Nature 2023
M. Wölfl, *Kind und Karriere – es geht beides!*,
https://doi.org/10.1007/978-3-662-66087-4_4

Auf diesen Punkt möchte ich in diesem Kapitel kommen: Es gibt viele unterschiedliche Zugänge zu Teilzeit-Arbeit und Frauen in Führung. Und auch der Gender Equality Index differiert in den einzelnen europäischen Staaten.

Mein persönliches AHA-Erlebnis

Ich bin stets neugierig und interessiert. So habe ich auf meinen Reisen in verschiedene Länder und aufgrund meiner Arbeit in einem internationalen Konzern vieles kennengelernt. Während es in Österreich „normal" ist, dass Frauen nach der Geburt mindestens ein Jahr (und oft länger) bei den Kindern bleiben und danach Teilzeit arbeiten, erkannte ich in anderen Ländern gänzlich andere Muster. In Frankreich dauert die Babypause etwa 2,5 Monate, im Anschluss daran arbeiten die Französinnen Vollzeit und die Babys werden in der Krippe betreut. In Australien hatte ich ein inspirierendes Interview mit der Personalchefin eines großen Konzerns. Sie erzählte mir, dass Frauen in Australien zwölf Wochen Mutterschaftsurlaub erhalten und frei entscheiden können, zu welchem Zeitpunkt rund um die Geburt sie diese zwölf Wochen in Anspruch nehmen wollen. Und damit endet die staatliche Unterstützung, wobei meist die Unternehmen einspringen und den Frauen etwa sechs Monate bezahlten Mutterschaftsurlaub gewähren.

Beim beruflichen Wiedereinstieg in Österreich hat jede Mutter bis zwei Jahre nach der Geburt das Anrecht auf eine gleichwertige Position im Unternehmen – bei gleicher Bezahlung wie zuvor. Beide Elternteile können bis zum sechsten Lebensjahr des Kindes Teilzeit arbeiten und genießen einen hochwertigen Kündigungsschutz. Diese Vorteile für Eltern sind etwas besonderes und ich kenne kein Land in Europa mit ähnlichen Benefits.

4.1   Wie geht es den Frauen und Müttern in anderen Ländern?

Seit 2013 wird in Europa in 27 Ländern der Gender Equality Index in den Kategorien Arbeit, Geld, Wissen, Zeit, Macht und Gesundheit ermittelt. Laut dem Global Gender Gap Report aus dem Jahr 2021 (World Economic Forum 2021) hat sich der Weg zur Gleichberechtigung aufgrund von Corona noch mal verlängert und es soll aktuell 135,6 Jahre dauern, bis Frauen und Männer gleichberechtigt

Abb. 4.1 Noch lange nicht gleichberechtigt. (Quelle: European Institute for Gender Equality 2021a. © Maren Wölfl 2022. All Rights Reserved)

sein werden. Auch laut dem EIGA (European Institute for Gender Equality) bewegen wir uns im Schneckentempo voran. Abb. 4.1 zeigt die aktuellen Daten aus 2021 sowie den Status von 2010 in Europa:

Das beste Ergebnis erzielt die EU bei der Gesundheit, bei der mit 88 Punkten beinahe Gleichberechtigung (100 Punkte) erreicht ist. Am meisten Verbesserungspotenzial besteht EU-weit in den Bereichen Macht (55 Punkte) und Wissen (62,7 Punkte). In puncto Macht gab es seit 2010 die größte Veränderung zum Positiven und dennoch ist hier die Punktezahl immer noch am niedrigsten. Es sitzen also weiterhin sehr wenige Frauen dort, wo wichtige Entscheidungen getroffen werden. Diese Zahlen entsprechen dem, was ich wahrnehme. Es geht voran, aber es liegt noch ein Gutteil des Wegs vor uns.

Spannend ist es auch, ein wenig mehr in die Tiefe zu gehen: So werden ökonomische, soziale und politische Macht unterschieden. Während der Gender Equality Index bei der sozialen Macht 57,6

Punkte erreicht, ist er bei der ökonomischen Macht in 2010 bei erschütternden 28,9 Punkten gestartet und liegt nun bei 46,8 Punkten! Wir sehen also, dass sich in den letzten zehn Jahren zwar viel getan hat, aber bei weitem nicht genug. Viel Luft nach oben!

Traurig ist die Entwicklung im Bereich Zeit! Es ist der einzige, in dem der Index seit 2010 gesunken ist: von 66,3 Punkten auf 64,9 Punkte. Dieser Faktor misst die Gleichberechtigung der Geschlechter sowohl hinsichtlich der Verteilung der Hausarbeit als auch der Betreuung von Angehörigen. Es wird davon ausgegangen, dass aufgrund der Zeitverzögerung in der Datenerfassung die Auswirkungen der Corona-Pandemie noch gar nicht enthalten sind (European Institute for Gender Equality 2021).

Es gibt viel zu tun!

Die Daten des Gender Equality Index spiegeln meiner Auffassung nach die aktuelle Realität wider, ich würde alle Daten „unterschreiben". Frauen gelangen in den letzten Jahren vermehrt in Machtzentren, wobei sich ihr Anteil immer noch auf niedrigem Niveau bewegt. Gleichzeitig sind sie aber immer noch für fast die gesamte Care-Arbeit verantwortlich – in Bezug darauf sind wir, auch durch Corona bedingt, eher auf dem Weg zurück. Der nächste Schritt wäre das Entmachten des dahinterstehenden Rollenbildes, sodass sich Frauen und Männer Kinderbetreuung und auch die Pflege von Angehörigen partnerschaftlich teilen. Und es gilt für uns Frauen, dranzubleiben. Wir müssen an den Tischen sitzen, an denen die wichtigen Entscheidungen getroffen werden!

Maßnahmen für Unternehmen

Bei einer Umfrage in 2022 zur Verbesserung der Gleichberechtigung am Arbeitsplatz befürworteten 79 % der befragten Menschen in der EU, dass Maßnahmen für die Gleichstellung der Geschlechter am Arbeitsplatz eingeführt werden sollten. Also sieht der überwiegende Anteil der Menschen Handlungsbedarf, denn nur etwa 14 % sprachen sich dagegen aus. Es gibt jedoch deutliche Unterschiede zwischen den Ländern. Die größte Zustimmung war tendenziell bei den Südeuropäern zu verzeichnen (über 90 % auf Malta, in Griechenland, auf Zypern und in Spanien), wohingegen sich weniger als 70 % der Rumänen und Tschechen für Maßnahmen aussprachen (Statista 2022g).

4.2 Auf nach Schweden beziehungsweise in die nordischen Länder!

Wie schon erwähnt, war Schweden in 2021 das beliebteste Land für Frauen in Europa. Und auch beim Gender Equality Index in der EU hat Schweden laut Statista mit einem Wert von 83,9 die Nase vorne, gefolgt von Dänemark, Frankreich, Finnland und den Niederlanden (European Institute for Gender Equality 2021a).

Und noch etwas spricht für Schweden: Bei der Gleichberechtigung in den Kategorien Macht, Arbeit, Wissen und Gesundheit liegt Schweden an erster Stelle (European Institute for Gender Equality 2021b). In Abb. 4.2 findest du die Details und den Vergleich zum EU-Schnitt, zu Deutschland und zu Frankreich. Das größte Gap zwischen Deutschland und Schweden zeigt sich beim Faktor Zeit, was wohl daran liegt, dass in Schweden die Kinderbetreuung viel partnerschaftlicher aufgeteilt wird. Österreich hat ähnliche Zahlen wie Deutschland, nur sitzen hier noch weniger Frauen „in den Zentren der Macht". Frankreich liegt in allen Bereichen vor Deutschland.

Meine persönlichen schwedischen Erlebnisse

Wir waren als fünfköpfige Familie schon viermal in Schweden im Urlaub. Es ist immer wieder schön dort. Ich mag die Natur, das Meer, die Städte und natürlich die Astrid-Lindgren-Welt in Vimmerby, die ich allen sehr empfehlen kann. Wir fahren aber auch deshalb so oft in das nordische Land, weil wir uns dort wohlfühlen, da wir nicht als Aliens angesehen werden. Die Geburtenrate ist höher als in Deutschland und Österreich (Statista 2022c) und die Menschen sehr familienfreundlich. Schwedinnen und Schweden arbeiten auch anders. Mein Mann war hocherfreut und gleichzeitig verwundert, als er bei unserem letzten Besuch das Schild an der Tür eines Lokals las: *„After Work Happy Hour"* von 16 bis 18 Uhr!

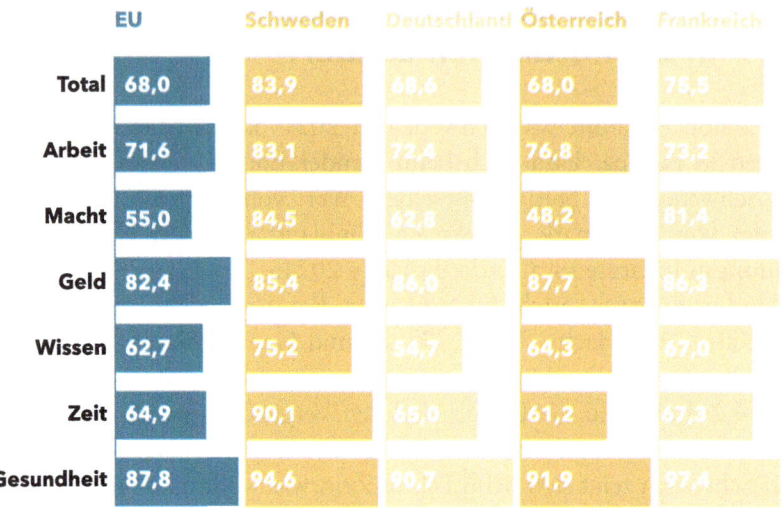

Abb. 4.2 Unterschiede nach Ländern – Schweden hat die Nase vorn. (Quelle: European Institute for Gender Equality 2021. © Maren Wölfl 2022. All Rights Reserved)

Schweden ist besonders beliebt, in Lettland gibt es die meisten Female Leaders

Schweden war laut Statista in 2021 das beliebteste Land für Frauen in Europa (Statista 2022f). Beim Anteil der Frauen in Führungspositionen führt Lettland mit 46,6 % die Liste an (siehe Abb. 4.3) – es ist in diesem Land also fast die Hälfte des Managements von Frauen besetzt. Dahinter liegen Polen und Schweden. EU-weit haben Frauen fast jede dritte Führungsposition inne. Schlusslichter in Europa sind Luxemburg, die Niederlande und die Türkei. In Deutschland und Österreich sind etwa drei von zehn Führungskräften weiblich – wobei beide Länder knapp unter dem Schnitt der EU liegen. Diese Daten stammen ebenfalls von Statista und gelten für das Jahr 2020 (Statista 2022b).

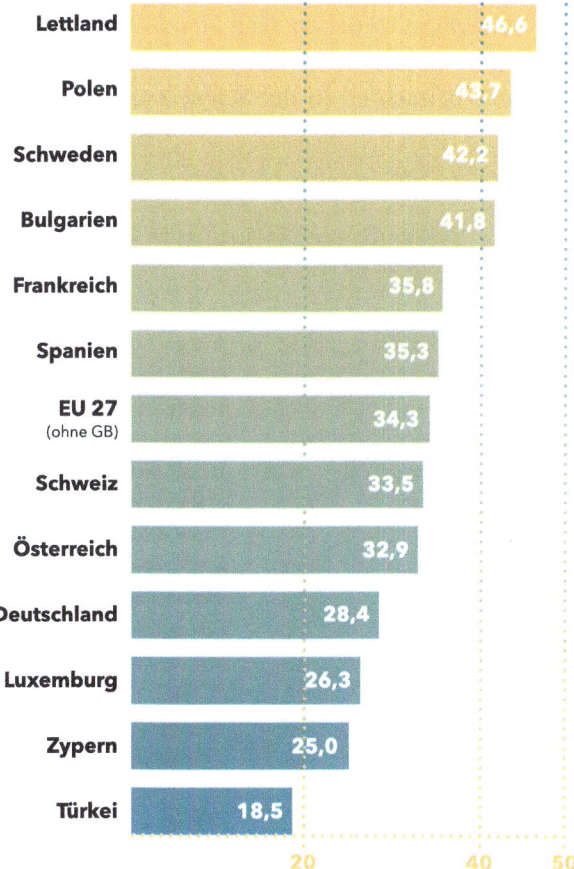

Abb. 4.3 Frauen in Führungspositionen – auf nach Lettland. (Quelle: Statista Deutschland. © Maren Wölfl 2022. All Rights Reserved)

4.3   Teilzeit in Europa: ein sehr diverses Bild

Während in den Niederlanden in 2021 mehr als 65 % der Menschen in Teilzeit arbeiteten, waren es in Bulgarien – „Schlusslicht" in Europa – nur 1,7 %. Das Lebensmodell der Vollzeit- oder Teilzeit-Arbeit wird also in Europa sehr unterschiedlich gesehen und gelebt (siehe Abb. 4.4).

Tendenziell arbeiten in allen europäischen Ländern die Frauen öfter in Teilzeit als die Männer, wobei es in den deutschsprachigen Ländern den größten Unterschied zwischen den Geschlechtern gibt. Deutschland, Österreich und die Schweiz führen die Teilzeit-Statistik an, wenn man nur die Frauen betrachtet: In der Schweiz arbeiteten 2021 60,5 %

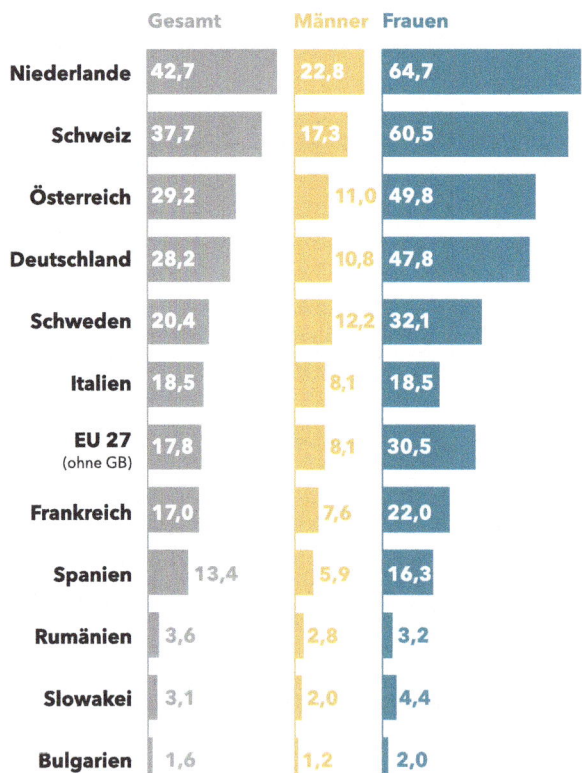

Abb. 4.4 Teilzeitbeschäftigung in Europa. (Quelle: Statista Deutschland. © Maren Wölfl 2022. All Rights Reserved)

der Frauen in Teilzeit, in Österreich waren es 49,8 % und in Deutschland 47,8 % (Statista 2022a).

Während im DACH-Raum (Deutschland, Österreich, Schweiz) der Hauptgrund für die Stundenreduktion die Care-Arbeit ist, arbeitet in Holland die Hälfte aller Frauen ohne Kinder in Teilzeit, weil sie es wollen und es ihrem Leben entspricht. Die durchschnittliche Wochenarbeitszeit liegt dort bei 25 h und die Teilzeitarbeit ist „also kein vorübergehendes Arrangement, um Beruf und Familie zu vereinbaren, sondern ein eigener Lebensstil", heißt es in einem Beitrag des Online-Debattenmagazins des Deutschen Gewerkschaftsbundes (Deutscher Gewerkschaftsbund 2016).

Die Niederländerinnen verzichten also offenbar häufig gerne auf eine 40- oder 38-Stunden-Woche. Typisch für alle Europäerinnen ist das aber nicht. Statista hat 2020 die Gründe dafür untersucht, eine Teilzeit- und keine Vollzeitbeschäftigung aufzunehmen. Von den erwerbstätigen Frauen in der Europäischen Union wurde dabei mit 25,6 % am häufigsten die Betreuung von Kindern und erwerbsunfähigen Personen genannt. Die Gründe für diesen Gender Gap (bei den befragten Männern ist dies nur selten der Grund für die Teilzeitbeschäftigung) seien vielfältig und nicht nur strukturell bedingt, so die Analyse (Statista 2022d). Fehlende, unzureichende und/oder ausschließlich kostenpflichtige Betreuungsangebote für Kleinkinder in den Mitgliedsstaaten seien jedoch ein häufiger Grund für die fehlende Vollzeitarbeit von Frauen. Interessant an der Teilzeit-Statistik ist auch, dass etwa in Griechenland nicht die Betreuungspflichten der Grund für die Teilzeit-Arbeit von Frauen sind, sondern das fehlende Angebot einer Vollzeit-Stelle, ebenso wie in Spanien, Italien und Zypern (Statista 2022d).

Auch bei den europäischen Männern sind Betreuungspflichten eher selten die Ursache für die Reduktion der Arbeitsstunden, viel häufiger finden sie einfach keine Vollzeitstelle. Im Schnitt arbeiten in Europa „nur" etwa 8 % der Männer in Teilzeit (Statista 2022e), wobei die höchsten Anteile in den Niederlanden, Schweiz und Norwegen festzustellen sind.

Andere Länder, andere Ansichten

Wie gesagt blicke ich gerne über den Tellerrand. Die Diskussionen darüber, wie es in anderen Ländern ist, wie dort etwa Frauen mit dem Thema Berufstätigkeit umgehen, sind einfach spannend. Aber auch Unterschiede in anderen Bereichen kennenzulernen, empfinde ich als bereichernd – beispielsweise zum Verhalten in der Schwangerschaft oder zur Behandlung von Säuglingen. Während mir in Österreich als Schwangere vom Fliegen abgeraten wurde, hatte meine in England lebende Freundin dieses Verbot noch nie gehört. In meinem Heimatland wurde zudem immer empfohlen, die Neugeborenen zum Schlafen auf den Rücken zu legen und auf KEINEN Fall auf den Bauch. Ein Freund, der in England, den USA und in Schweden gelebt hat, berichtete interessanterweise, dass in den USA die Kinder in Seitenlage schlafen sollten, während in Finnland die Bauchlage empfohlen werde. Das brachte mich innerlich zum Schmunzeln, denn damit hatte ich die völlige Freiheit. Mein erstes Kind schlief sehr gut in Rückenlage, die beiden anderen waren definitiv Bauchschläfer.

4.4   Leiden Kinder, wenn Mütter berufstätig sind?

Wenn dir diese Frage seltsam vorkommt, dann kann ich dir in dieser Einschätzung nur zustimmen. Auch in mir sträubt sich dabei innerlich alles. Ich konnte es kaum glauben, dass man sich heute noch über so etwas Gedanken macht. Der Forschungsverbund Interdisziplinäre Werteforschung der Universität Wien hat dieser Frage jedoch im Jahr 2020 eine Untersuchung gewidmet. In Österreich beantworteten sie 47 % der Befragten mit „Ja".

WAS SOLL DAS NUN WIEDER? Ich war und bin schockiert.

Und es wird nicht nach dem Alter der Kinder oder der Anzahl der Stunden, die die Mütter arbeiten, gefragt! In Deutschland sagten immerhin noch 32 % „Ja" und in der Schweiz 38 %. In Schweden waren es nur 15 %, in Finnland sogar nur 14 %.

Für mich beweisen diese Zahlen, in welch traditionellen Gesellschaften wir im deutschsprachigen Raum leben. Die skandinavischen Länder haben hier historisch bedingt eine andere Einstellung und auch in Großbritannien glauben lediglich 24 % der Menschen, dass Kinder unter der Berufstätigkeit der Mütter leiden. Die positive Botschaft: Die Zustimmung nimmt mit sinkendem Alter der Befragten ab. Während in den deutschsprachigen Ländern noch 42 % der über 60-Jährigen das Leiden der Kinder bejahten, taten das in der Altersgruppe der 18- bis 39-Jährigen nur noch 24 %. Im Vergleich dazu sind es in Nordeuropa nur 22 % der älteren Generation und nur 12 % der unter 40-Jährigen. Also doch ein sehr großer Unterschied (Eva-Maria Schmidt und Caroline Berghammer 2020).

Mich machen auch diese Zahlen frei im Kopf und fördern das Bewusstsein zum Thema. Sie unterstützen mich dabei, Fragen und Vorurteile besser einzuordnen.

„Wieso bekommt du ein Kind, wenn du nach einem Jahr wieder arbeiten gehst?"

Eine junge Frau kam mit diesem Satz auf mich zu und fragte mich nach möglichen Antworten auf diese „Killerphrase"! Da musste auch ich erst einmal überlegen: Was wäre für mich eine gute Reaktion auf diese Frage, die ich schon lange nicht mehr gehört habe?

Meine eigene Reaktion wäre vermutlich diese Entgegnung: „Würdest du diese Frage einem Mann auch stellen?" Nachdem mir authentische Antworten wichtig sind, habe ich die Mitglieder meiner Community auf LinkedIn nach Antworten gefragt, die sie geben würden. Hier ein paar Ergebnisse:

- „Because I can!!!"
- „Ähm ... ich würde mal rückfragen: ‚Wieso nicht?' In Belgien gehen Frauen nach drei oder sechs Monaten wieder arbeiten. (Skandal!!! Was für ein Land!!!)"
- „Weil es mir UND meinem Kind guttut."
- „Weil ich es möchte. Punkt."
- „Weil wir als Mütter noch besser werden. Weil wir nämlich neue Kompetenzen und Ressourcen erwerben durch das Mutter- respektive Vatersein. Welche? Vorbild sein ... Ziele setzen ... Feedback geben ... Sicherheit vermitteln ... Verhandeln ... Zeitmanagement ... Prioritäten setzen ... Nein sagen ... u. v. m. Unzweifelhaft Kompetenzen, die jedes Unternehmen bei Mitarbeiter:innen sucht!!!!"
- „Weil ich mich weiterentwickeln und meine Kenntnisse weitergeben/ anwenden möchte."
- „Weil es Zeit für eine frische Brise ist, ich unsere Flexibilität trainieren will und weil ich eben nicht nur als Mutter geboren wurde."
- „Echt jetzt? Gott sei Dank denken nicht alle so steinzeitlich!"

- „Weil ich nicht von meinem Mann abhängig sein möchte. Ich bin ein eigenständiger Mensch und nicht nur Mutter."
- „Der Witz ist gut. Danke. Den werde ich gleich meinen Kolleginnen erzählen."

Es gibt also viele verschiedene Antworten auf „Killerphrasen" wie die obige. Wenn dir jemand eine solche entgegenschmettert, dann antworte einfach das, was dir gerade auf der Zunge liegt. Und überlege dabei nicht, ob es beim anderen gut ankommt. Das ist nämlich bedeutungslos! Übrigens kannst du die Fragende, den Fragenden auch einfach nur anschauen und gar nichts sagen.

Große Unterschiede in Europa geben uns viele Freiheiten

Manche Menschen arbeiten Teilzeit, andere nicht. In manchen Ländern gehen Frauen 2,5 Monate nach der Entbindung wieder Vollzeit arbeiten, in anderen bleiben sie etwa ein Jahr bei dem Kind zu Hause. Diese Unterschiede machen frei im Kopf und das ist gut so.

Doch es sollte überall jede Frau selbst entscheiden können, wie sie leben möchte. Das heißt: Es gibt noch viel zu tun in Europa auf dem Weg zur Gleichberechtigung und zu mehr Diversität in den Unternehmen sowie vor allem bei der partnerschaftlichen Aufteilung der Betreuung von Kindern und Familienmitgliedern. Und es eint Europa, dass noch zu wenige Frauen in den Zentren der Macht sitzen.

Also packen wir es an!

Literatur

Deutscher Gewerkschaftsbund (15. Dezember 2016). Niederlande: Land der Teilzeit. Gegenblende. https://gegenblende.dgb.de/artikel/++co++0ca9e4ac-c29f-11e6-918c-525400e5a74a. Zugegriffen: 21. Juli 2022

European Institute for Gender Equality (2021a). Comparing Work scores. https://eige.europa.eu/gender-equality-index/2021/compare-countries/work/bar. Zugegriffen: 21. Juli 2022

European Institute for Gender Equality (2021b). Gender Equality Index 2021: Health. https://eige.europa.eu/publications/gender-equality-index-2021-health#downloads-wrapper. Zugegriffen: 21. Juli 2022

Eva-Maria Schmidt, Caroline Berghammer (5. November 2020). Generationenkontraste in der Einstellung zur Erwerbstätigkeit von Müttern. Universität Wien. Werte-Zoom, Nummer 5. https://www.werteforschung.at/projekte/werte-zoom/werte-zoom-5-erwerbstaetigkeit-von-muettern/. Zugegriffen: 21. Juli 2022

Statista (2022a). Europäische Union: Anteil der Teilzeitbeschäftigung an der Gesamtbeschäftigung in den Mitgliedstaaten, aufgeschlüsselt nach Geschlecht im 4. Quartal 2021. https://de.statista.com/statistik/daten/studie/1098738/umfrage/anteil-der-teilzeitbeschaeftigung-in-den-eu-laendern/. Zugegriffen: 21. Juli 2022

Statista (2022b). Europäische Union: Anteil von Frauen in Führungspositionen, aufgeschlüsselt nach Mitgliedsstaat im Jahr 2021. https://de.statista.com/statistik/daten/studie/1098311/umfrage/frauenanteil-in-fuehrungspositionen-in-der-eu/. Zugegriffen: 21. Juli 2022

Statista (2022c). Europäische Union: Fertilitätsraten in den Mitgliedstaaten im Jahr 2020. https://de.statista.com/statistik/daten/studie/200065/umfrage/geburtenziffern-in-ausgewaehlten-laendern-europas/. Zugegriffen: 21. Juli 2022

Statista (2022d). Europäische Union: Hauptgründe für Frauen einer Teilzeitbeschäftigung nachzugehen, aufgeschlüsselt nach Mitgliedsstaaten im Jahr 2021. https://de.statista.com/statistik/daten/studie/1098786/umfrage/hauptgruende-fuer-frauen-in-der-eu-einer-teilzeitbeschaeftigung-nachzugehen/. Zugegriffen: 21. Juli 2022

Statista (2022e). Europäische Union: Hauptgründe für Männer einer Teilzeitbeschäftigung nachzugehen, aufgeschlüsselt nach Mitgliedsstaaten im Jahr 2021. https://de.statista.com/statistik/daten/studie/1098769/umfrage/hauptgruende-fuer-maenner-in-der-eu-einer-teilzeitbeschaeftigung-nachzugehen/. Zugegriffen: 21. Juli 2022

Statista (2022f). Ranking der 20 beliebtesten Länder für Frauen nach dem Best Countries Ranking 2021. https://de.statista.com/statistik/daten/studie/978650/umfrage/top-20-der-beliebtesten-laender-fuer-frauen-nach-dem-best-countries-ranking/. Zugegriffen: 21. Juli 2022

Statista (2022g). Europäische Union: Zustimmung zur Einführung von Maßnahmen, die die Gleichberechtigung der Geschlechter am Arbeitsplatz sicherstellen sollen im Jahr 2022. https://de.statista.com/statistik/daten/studie/1101682/umfrage/umfrage-in-der-eu-zur-verbesserung-der-gleichberechtigung-am-arbeitsplatz/. Zugegriffen: 21. Juli 2022

World Economic Forum (30. März 2021). Global Gender Gap Report 2021. https://www.weforum.org/reports/global-gender-gap-report-2021/digest. Zugegriffen: 21. Juli 2022

5

Tool: Selbstfürsorge – Höchstleistung geht nur mit Regeneration zwischendurch

» **Unser Gehirn benötigt Zeit für NICHTS, um zu regenerieren und sich zu erholen.**

Viele Managerinnen glauben, dass sie immer wie mit 180 km pro Stunde auf der Autobahn durch das Leben rasen können. Von Spitzensportlerinnen lässt sich jedoch lernen: Höchstleistung ist nur dann möglich, wenn du auch Zeit für Regeneration einplanst.

Mütter kümmern sich sehr gut um andere und sorgen sich sehr um die Familie, vernachlässigen aber oft sich selbst. Frauen funktionieren und laufen im Hamsterrad. Du kannst dir vorstellen (und vielleicht geht es dir ja auch so), wie es aussieht, wenn eine Frau Managerin UND Mutter ist. Sie befindet sich ständig am Rande der totalen Überforderung – und braucht deshalb ein Bewusstsein für den Nutzen von Selbstfürsorge sowie dafür geeignete Tools.

Sätze wie die folgenden habe ich schon so oft gehört:

© Der/die Autor(en), exklusiv lizenziert an Springer-Verlag GmbH, DE, ein Teil von Springer Nature 2023
M. Wölfl, *Kind und Karriere – es geht beides!*,
https://doi.org/10.1007/978-3-662-66087-4_5

- Meinen Kindern koche ich meist ein gutes und warmes Essen. Das ist wichtig für sie – ich allein werfe mir zwischendurch ein paar Happen ein!
- Gestern habe ich mir fix vorgenommen, am Mittag eine Pause zu machen. Um 17 Uhr habe ich zum ersten Mal auf die Uhr geschaut. Habe es also wieder mal nicht geschafft. Was bin ich doch für eine blöde Kuh!
- Heute habe ich mir einen Kaffee gemacht. Zwei Stunden später habe ich wieder daran gedacht – da war er kalt!
- Mein Tag beginnt um 6:15 Uhr mit dem Aufwecken der Kinder und der Zubereitung ihres Frühstücks. Er endet um 21 Uhr, wenn alle Kinder schlafen und die Küche sauber ist. Ich wüsste nicht, wann ich da Zeit für mich unterbringen soll.
- Ich wollte vor ein paar Tagen abends wirklich einen Spaziergang machen. Was passierte? Meine Chefin rief um 18 Uhr an!
- Es wäre so schön, wenn mein Tag 27 h und meine Woche 8 Tage hätte – dann würde ich sicher auch Zeit für mich haben.
- Aber morgen, morgen mache ich es dann anders …

Gib dich keinen Illusionen hin. Es ab morgen anders zu machen, wird nicht passieren, wenn du nicht dein Mindset, deine Prioritäten und deine Denkweisen veränderst – und möglichst auch mit deinem inneren Schweinhund Verhandlungen aufnimmst.

All das solltest du tun, weil (auch) du wichtig bist!

Früher war ich eine Ameise

Meine Tochter bezeichnete mich mal als Ameise. Ich tue, mache, laufe und ab und an renne ich auch. Ich kann mich gut um die anderen kümmern. Manchmal schleppe ich Pakete mit mir herum, die sind schwerer als mein eigener Körper.

Früher trampelte ich über meine eigenen Grenzen und merkte es nicht mal. Es war mir schlicht nicht bewusst, weil ich so im Machen gefangen war. Erst viel später wunderte ich mich oft, warum ich immer so erschöpft war.

Über die Jahre mit drei Kindern, einem beruflich sehr engagierten Partner, ohne familiäre Unterstützung in Wien und mit viel beruflichem Elan habe ich dazugelernt. Genauer gesagt, ich habe dazulernen

MÜSSEN. Und ich bezeichne das nicht als Egoismus. Ich darf und sollte mir schließlich selbst ebenso wichtig sein, wie es mir meine Familie und andere Menschen sind. Und dennoch handelte ich immer wieder nach dem Glaubenssatz: Die Bedürfnisse der anderen sind wichtiger als meine eigenen!

Auch heute kommt das noch vor. Doch inzwischen kümmere ich mich meist gut um die anderen UND um mich selbst. Manchmal haben die anderen Priorität, ab und an habe ich sie. Für meinen Alltag bedeutet diese Denkweise, dass ich mir immer ein gutes Essen gönne. Wenn ich am Mittag alleine zu Hause bin, dann koche ich für mich ein Essen, das meinem Körper guttut und das er braucht.

Ich habe Dienstag und Freitag jeweils um 8 Uhr einen Termin mit mir selbst – zum Sport. Dieser Termin steht in meinem Kalender und er ist ein sehr wichtiger Termin für mich und meine Gesundheit. Immer wieder muss ich ihn verteidigen, was ich auch mache. Ich sage dafür anderes ab oder verschiebe es.

Und ich liege am Nachmittag eine Zeit lang mit einer Tasse Kaffee auf der Couch und freue mich darüber, wenn mich mein Sohn als „faulen Seelöwen" bezeichnet. Das ist ein Kompliment!

Der Nutzen von Selbstfürsorge

Zu viel Stress und Anspannung können sich psychisch und körperlich negativ auswirken. Die Symptome reichen von Schlafstörungen über schnelle Erschöpfung und innere Unruhe bis zu Vergesslichkeit. Ich kenne viele Frauen, die funktionieren und jeden Tag versuchen, den Anforderungen im Büro sowie den hohen Erwartungen anderer und auch denen an sich selbst gerecht zu werden. Dabei achten sie nicht auf ihre eigenen Bedürfnisse, sind irgendwann ausgelaugt, unglücklich und krank. Wenn du auf dem Weg dorthin bist, dann sage dir jetzt: „Stopp!" Lass es nicht so weit kommen.

Ändere deinen Fokus: Du bist ein Vorbild für deine Kinder und dein Team – jeden Tag und mit all deinen Stärken und Schwächen. Ja, auch deine Schwächen können durchaus zu deiner Vorbildrolle beitragen – allein dadurch, dass du sie nicht verbirgst oder negierst. Wenn du gut für dich selbst sorgst und auf dich achtest, dann können andere auch das von dir lernen. NEIN zu sagen und Grenzen zu setzen, gehört ebenso zur Selbstfürsorge wie Regeneration. Zum Thema NEIN SAGEN habe ich einen Blog geschrieben, den ich Dir empfehlen kann: https://femalewakeupcall.com/2022/03/08/nein-sagen-fur-leaderinnen/.

Der Nutzen all dieser Dinge liegt auf der Hand. Ich möchte dir exemplarisch einige Vorteile auflisten:

- Förderung der körperlichen Gesundheit – etwa Senkung des Blutdrucks und weniger Muskelverspannungen
- positive Gedanken und Bewertungen
- höhere Lebensqualität mit mehr Ruhe und Gelassenheit
- weniger Ängste und positivere Wahrnehmung der eigenen Person
- weniger psychosomatische Beschwerden

Marcel Hirscher, ein bekannter österreichischer Skifahrer, soll einmal nach seiner Teilnahme an Olympischen Spielen gesagt haben, dass er jetzt müde und ausgelaugt sei und zwei Wochen Zeit für Regeneration benötige. Höchstleistung und Ausruhen müssen im Gleichgewicht sein – wie bei einer Waage, die sich in Balance befindet.

Die Vorteile sind also klar – was könnte dich jetzt noch aufhalten? Was hindert dich daran, dich wirklich um dich zu kümmern?

≫ Ein Nein zu den anderen ist ein JA zu Dir selbst!

Wenn du in ein Flugzeug gestiegen und Platz genommen hast, werden dir die Sicherheitsregeln an Bord erläutert. Im Notfall fallen oberhalb deines Sitzes die Sauerstoffmasken herunter, die du bei einem Druckabfall aufsetzen musst. Wichtig dabei ist, so wird es dir von den Flugbegleiter:innen klargemacht, dass du zuerst selbst eine Maske anlegst und dann erst anderen dabei hilfst – und nicht umgekehrt.

Dieses Beispiel zeigt: Du kannst deine Umgebung, deine Familie nicht unterstützen, wenn es dir selbst nicht gut geht. Bernhard von Clairvaux hat in einem Gedicht das Bild von der Schale der Liebe verwendet (Kloster Wülfinghausen 2022):

Wenn du vernünftig bist, erweise dich als Schale und nicht als Kanal, der fast gleichzeitig empfängt und weitergibt, während jene wartet, bis sie gefüllt ist.

Auf diese Weise gibt sie das, was bei ihr überfließt, ohne eigenen Schaden weiter. Lerne auch du, nur aus der Fülle auszugießen, und habe nicht den Wunsch, freigiebiger zu sein als Gott.

Die Schale ahmt die Quelle nach. Erst wenn sie mit Wasser gesättigt ist, strömt sie zum Fluss, wird sie zur See. Du tue das Gleiche! Zuerst anfüllen, und dann ausgießen.

Die gütige und kluge Liebe ist gewohnt, überzuströmen, nicht auszuströmen.

Ich möchte nicht reich werden, wenn du dabei leer wirst. Wenn du nämlich mit dir selber schlecht umgehst, wem bist du dann gut?

Wenn du kannst, hilf mir aus deiner Fülle, wenn nicht, schone dich.

An dieser Stelle möchte ich dir konkrete Tipps geben, wie du Selbstfürsorge umsetzen kannst:

Tipp 1: Setze dich selbst an die erste Stelle deiner Prioritätenliste!
Deine To-do-Liste ist meist lang, sie ist gefühlt endlos. Sobald du eine Aufgabe erfüllt hast, kommt wieder eine neue hinzu. Es hört einfach nie auf! Du hoffst auf eine Änderung in deinem Unternehmen, aber diese Hoffnung solltest du begraben, denn das liegt nicht in deinem Einflussbereich. Auch ist es unwahrscheinlich, dass du weniger To-do's bekommen wirst. Du solltest dich deshalb auf deinen Einflussbereich konzentrieren, du solltest deine Einstellung zu dir selbst und zu anderen ändern.

Nehmen wir also einmal deine Prioritätenliste: Bist du neugierig, was oder wer genau auf diese Liste kommt? Es kann hilfreich sein, die Augen für diese Übung aus dem Mentaltraining zu schließen und sich die Liste bildlich vorzustellen. Wo stehst du selbst auf dieser kurzen oder langen Liste? Kommen deine Wünsche und Bedürfnisse überhaupt vor? Falls nicht, dann reihe dich ein. Nein, nicht irgendwo! Du solltest in jedem Fall an einer vorderen Position platziert sein. Viele Kundinnen erzählen mir, dass sie zumindest ihre Kinder vorgereiht haben. Das kann ich nachvollziehen und das ist bei mir auch so – ab und an. Aber manchmal stehe ich immerhin schon selbst an erster Stelle!

Tipp 2: Analysiere die Gründe dafür, falls du nicht selbst Prio 1 bist! Falls die Übung mit der Prioritätenliste schwierig für dich ist, falls du die Wünsche der anderen immer vorrangig behandelst und dich selbst dabei vergisst, nimm dir ein paar Minuten Zeit und reflektiere die Gründe dafür.

Vielleicht sind es Glaubenssätze wie:

- Zuerst die Arbeit und dann das Vergnügen.
- Als Mama muss ich immer für die anderen da sein.
- Es ist immer so viel zu tun, da habe ich dann für meine Dinge keine Zeit mehr.
- Ich muss perfekt und die Beste sein.

Schreibe deine persönlichen Gründe auf und schaffe so ein Bewusstsein für deine inneren Saboteure. Dies ist schon ein wichtiger erster Schritt hin zu einem erfolgreichen „Kampf" gegen diese Saboteure – und damit für mehr Selbstfürsorge.

Umgang mit dem inneren Schweinhund

Eine Klientin von mir hatte gesundheitliche Probleme mit den Knien, war Raucherin und hatte Diabetes. Jahrelang nahm sie sich vor, sich gesünder zu ernähren und mehr Bewegung in ihren Alltag zu integrieren. Sie nahm sich etwa vor, zu Fuß an ihren Arbeitsplatz zu gehen – doch dieses Vorhaben war drei Tage später schon wieder „vergessen", da ein wichtiger beruflicher Termin Vorrang hatte. Sie wollte dreimal pro Woche abends eine Runde um den Block gehen – und blieb doch auf der Couch liegen. Ich könnte diese Liste ewig fortsetzen. Sie drehte sich im Kreis. Und immer und immer wieder erzählte sie im Coaching von ihrem mächtigen inneren Schweinehund. Diese Metapher nahm ich auf und sprach mit ihr über diesen Schweinehund. Sie beschrieb ihn mir als großes, graues Ungetüm, das RIESENGROSS neben ihr sitze und sie festhalte. Es sei sehr furchteinflößend. Sie kam offenbar mental und körperlich nicht gegen das Ungetüm an.

Wir arbeiteten mit diesem inneren Bild des überdimensionalen Schweinehundes. Meine Kundin verhandelte in Gedanken mit ihm und am Ende der Session war er ein kleiner, süßer Hund geworden, der nur ihr Bestes wollte. Sie kaufte sich sogar einen kleinen Stoffhund als Erinnerung an diesen Erfolg und findet die Metapher des Schweinehundes mittlerweile sehr lustig. Inzwischen spricht sie liebevoll mit ihm und hat ihn in ihr Leben integriert.

Tipp 3: Formuliere deinen persönlichen Nutzen von Selbstfürsorge!
Aus dem Coaching und Mentaltraining wissen wir: Menschen brauchen ein positives, ein Nutzen versprechendes Ziel. Solange wir nur mit dem Rauchen aufhören wollen, werden wir das kaum schaffen. Wir wollen dann zwar „weg vom Rauchen", doch mit solchen Sätzen oder Gedanken fokussiert sich unser Gehirn immer wieder auf das Thema Rauchen. Wenn du jedoch ein Ziel mit einem persönlichen Nutzen verbindest, dann verändert sich nicht nur deine Aufmerksamkeit, sondern du steigerst auch die Attraktivität des Vorhabens. Was könnte also der Gegenpol zum Rauchen sein? Du willst nicht mehr rauchen, aber was willst du stattdessen? Das Rauchen hat dummerweise auch einen (un)bewussten Nutzen für dich und den gilt es durch etwas Neues zu ersetzen: die nachhaltige Förderung deiner Gesundheit. – Das ist natürlich nur ein Beispiel. In deinem Fall ist das Ziel vermutlich ein ganz anderes und damit wirst du auch einen ganz anderen Nutzen definieren. Hast du das geschafft, dann eröffnen sich dir auf der Verhaltensebene neue Möglichkeiten – im Fall des Abschieds vom Rauchen wären neue Verhaltensweisen, an die frische Luft zu gehen und tief einzuatmen (ohne zu rauchen) oder eine Karotte zu essen oder, oder, oder.

Finde also den Nutzen, der mit deinem Ziel verbunden ist, und mache es damit so attraktiv, dass du es unbedingt erreichen willst, dass es dich also wie ein starker Magnet anzieht.

Tipp 4: Mache regelmäßige Termine mit dir selbst!
Ich glaube, wir alle notieren wichtige Termine in unserem Terminkalender. Bei mir sind es sogar die Termine von fünf Personen. Ich möchte dich nun auffordern, Termine mit dir selbst zu vereinbaren. Die nämlich helfen dir dabei, gut auf dich selbst zu achten. Ein Abendessen mit Freundinnen wird wie selbstverständlich eingetragen, du solltest aber auch deinen Sport, eine ausgedehnte Session in der Badewanne oder ein Hobby aufnehmen. Ganz nach dem Motto: „Wichtige Termine stehen in meinem Kalender!"

Tipp 5: Es soll Spaß machen und Wohlbefinden verschaffen!
Neben einem Ziel, das mit einem Nutzen verbunden ist, brauchst du immer auch Spaß. Suche dir einen Sport oder ein Hobby, das dir

Freude bereitet und bei dessen Ausübung es dir gut geht. Falls dies schwierig ist, so sollte es dir zumindest danach besser gehen als davor. Das ist wichtig. Wenn du nicht gerne läufst, dann laufe nicht, sondern entscheide dich zum Beispiel für eine Aerobic-Stunde. Wenn du keine Bücher magst, dann höre dir einen Podcast an. Wenn du völlig ratlos bist, was dir Spaß machen und dein Leben bereichern könnte, dann begib dich auf die Suche und probiere Unterschiedliches aus.

Vorbildfunktion

Für mich persönlich veränderte sich mein Blick auf das Thema Selbstfürsorge sehr, als ich mir meiner Vorbildfunktion bewusst wurde. Ich hatte wie viele den hinderlichen Glaubenssatz im Kopf, der da lautet: „Als Mama darfst du nicht egoistisch sein!" Irgendwann aber drehte sich dieser Satz für mich komplett. Das passierte, als mir klarwurde, dass unsere Kinder (un)bewusst viele unserer Verhaltensweisen und Einstellungen übernehmen. Ich möchte gerne ein Vorbild für meine Kinder sein und stellte mir daher die Frage: Will ich, dass meine Kinder mal so leben wie ich? – Diese Frage brachte mich vor vielen Jahren sehr zum Nachdenken.

Ich möchte nicht, dass meine Kinder sich gut um alle anderen kümmern, deren Anforderungen und Erwartungen erfüllen, aber dabei sich selbst vergessen. Ich möchte gerne, dass meine erwachsenen Kinder gut auf sich selbst achten. Sie sollen zwar Empathie und Mitgefühl für die anderen haben, Engagement und Begeisterung in ihrem Job zeigen, doch das ist eben nicht alles. Ich wünsche mir, dass meine Kinder glückliche und zufriedene Erwachsene sind und da gehört es definitiv dazu, dass sie nett zu sich selbst sind.

Ergo muss auch ich schon meiner Vorbildwirkung wegen nett zu mir selbst sein!

Achte gut auf dich – es ist wichtig

Regeneration ist wichtig, denn wir können nur leistungsfähig sein, wenn wir unsere eigenen Batterien immer wieder aufladen. Wir Frauen, Mütter und Leaderinnen sollten daher unseren Fokus und unsere Aufmerksamkeit stärker auf unser eigenes Wohlbefinden richten – auch, um nachhaltig mit voller Kraft für unsere Kinder, unsere Familie und unser Team da sein zu können. Aber eben auch, um selbst gesund und glücklich zu sein und zu bleiben. Die einzelnen Schritte zu mehr Selbstfürsorge im Detail:

1. Mache dir deine persönlichen Ziele und den damit verbundenen Nutzen bewusst!
2. Identifiziere die Hindernisse in deinem Kopf!
3. Vereinbare regelmäßige Termine mit dir selbst!
4. Finde etwas, das dir Spaß macht und eine Bereicherung für dein Leben ist!

Viele Tipps für mehr Selbstfürsorge für Frauen, Mütter und Leaderinnen findest du auch hier: https://femalewakeupcall.com/selbstfursorge/.
Viel Spaß beim Stöbern!

Literatur

Kloster Wülfinghausen (2022). Schale nicht Kanal. https://www.kloster-wuelfinghausen.de/schalenichtkanal.html. Zugegriffen: 21. Juli 2022

6

Wir brauchen tolle Vorbilder und Role Models

》 Das gute Beispiel ist nicht eine Möglichkeit, andere Menschen zu beeinflussen, es
ist die einzige.
Albert Schweitzer

Mitarbeiterinnen in vielen Unternehmen sagen mir Sätze wie: „Die
Führungskräfte von heute sind keine Vorbilder! So möchte ich nicht
werden." Weil sie so denken, möchten viele Frauen keine Führungs-
position. Sie wollen eine gesunde und nachhaltige Balance von Privat-
und Berufsleben – und das lebt ihnen kaum eine Top-Managerin vor.
Insbesondere Mütter wollen nicht 60 h (oder mehr) arbeiten. Sie wollen
Zeit mit ihren Kindern verbringen. Managerinnen alten Schlags sind
out – Leadership, *walk the talk,* Vorbildfunktion, Authentizität sind die
Dinge, die wir in den Unternehmen benötigen, soll es für die jungen
Menschen und für Frauen attraktiv sein, in Führung zu gehen.

© Der/die Autor(en), exklusiv lizenziert an Springer-Verlag GmbH, DE, ein Teil von
Springer Nature 2023
M. Wölfl, *Kind und Karriere – es geht beides!,*
https://doi.org/10.1007/978-3-662-66087-4_6

Ich möchte dich an dieser Stelle ermutigen, selbst ein Vorbild zu sein. Wir sind Frauen, Mütter und Leaderinnen und sollten vorangehen. Wir wissen alle, dass unsere Kinder oft nicht darauf hören, was wir sagen, sondern uns imitieren. Deshalb ist es so wichtig, was wir TUN!

» Sei du selbst die Veränderung, die du dir wünschst für diese Welt.

Wer ist für mich ein Vorbild und wieso?

Im Rahmen eines der besten Seminare, die ich je selbst besucht habe, wurde mir diese Frage gestellt. Zuerst fiel mir die erste Führungskraft ein, für die ich gearbeitet hatte. Dann reflektierte ich noch einmal kurz und auf einmal war die Antwort für mich sonnenklar: Michelle Obama. Ich mag diese Frau.

Als alle die Frage für sich beantwortet hatten, wurden wir in Kleingruppen eingeteilt, in denen wir uns über unsere Vorbilder austauschen sollten. Ich wurde aufgefordert, meine Gründe für Michelle Obama zu nennen. Wieso ist diese Person ein Vorbild für mich? Was fasziniert mich an ihr?

Nun, ich fühle eine sehr starke Resonanz bei den Sprüchen und Aussagen von Michelle Obama. Für mich ist etwa der Satz „When they go low, we go high" legendär. Auch in Zeiten von Konflikten – wenn jemand gefühlt mit Kanonenkugeln auf mich schießt – gehe ich nicht mit den gleichen Mitteln in den Kampf. Ich suche mir eine für mich passende und authentische Antwort. Meine Reaktion muss mit meinen Werten harmonieren.

Ich liebe auch eine andere Aussage Michelles, die übersetzt heißt: „Es kann nur Hoffnung geben, denn welche Alternative habe ich sonst?" Ja, es gibt auch für mich keinen anderen Weg, als immer und immer wieder Hoffnung zu haben.

Mich begeistert, dass Michelle stets das Beste aus allen Situationen macht. Sie sagte immer wieder, dass sie nie in die Politik oder in das Weiße Haus gewollt habe. So wurde sie also mit etwas konfrontiert, das sie nie angestrebt hatte.

Sie erzählt tolle Geschichten und wirkt dabei so bodenständig, gelassen und inspirierend.

Und kennst du Barack Obama? Wenn du diese Frage lächerlich findest, dann möchte ich dich mit einem Satz des ehemaligen US-Präsidenten überraschen. Er stellte sich einmal mit diesen Worten vor (Boden 2019): „Hi, ich bin Barack. Falls Sie mich nicht kennen, ich bin der Ehemann von Michelle!"

Meine persönlichen Role-Models: 3 Leaderinnen im Interview: Drei Frauen, drei Wege, dieselben Ziele

Weil wir nicht nur von Prominenten wie Michelle Obama sehr viel lernen können, habe ich mit drei Frauen aus meinem persönlichen Umfeld Interviews geführt. Alle drei sind tolle Führungskräfte, Frauen wie du und ich, Mütter und gleichzeitig beruflich erfolgreich. Sie unterscheiden sich natürlich voneinander, doch drei Dinge verbinden sie: Sie arbeiten gerne und sind ambitioniert, sind aber auch mit Leidenschaft Mama. Indem ich diese drei Frauen „vor den Vorhang" hole, möchte ich dir sowohl die individuellen Ansätze als auch die Gemeinsamkeiten verdeutlichen. Ja, es gibt viele Wege, Beruf und Mutterschaft zu vereinbaren, wobei die Ziele immer dieselben sind: in beiden Bereichen einen Beitrag leisten UND glücklich zu sein.

> Silke Z. ist verheiratet, hat eine Tochter und eine Position im Top-Management einer Versicherung. Sie ist für mich ein Vorbild, da sie sich als eine der wenigen Frauen in meinem Umfeld die Kinderbetreuung partnerschaftlich mit ihrem Mann aufgeteilt hat. Silke und ihr Partner waren beide je sieben Monate in Karenz, also in Elternzeit. Beide haben eine Weile in Teilzeit gearbeitet und sind beide sehr erfolgreiche Führungskräfte. Sie leben ein schwedisches Modell. Ich mag Silke und führe immer wieder tolle Gespräche mit ihr.

Das sind die Antworten von Silke auf meine Fragen:

1. Wie geht es dir persönlich mit Kind UND Karriere?

Als ich nach sieben Monaten wieder zurück in den Job ging und mein Partner in Karenz, war ich mega-gestresst. Es war eine Phase der chronischen Übermüdung und eine mit vielen Vorwürfen. Würde ich heute anders machen.

Aktuell arbeiten wir beide in Vollzeit und haben uns mit Großeltern und Babysitter gut organisiert. Manchmal mache ich mehr und manchmal weniger als mein Partner.

2. Was hast du in deiner Rolle als Mama gelernt, das du ins Unternehmen einbringen kannst?

Klare Ansagen sind wichtig und ich muss wirklich meinen, was ich sage – sonst habe ich verloren. Mein Kind glaubt es mir nur, wenn ich es vorlebe und das ist im Unternehmenskontext genauso. Von meiner Tochter habe ich zudem gelernt, dass sie mir Vorschläge macht und ich versuche, mich darauf einzulassen. Wichtig ist mir auch, dass der Stellenwert von Familie mit meiner Tochter gestiegen ist. Ich erlebe Familie bewusster und weiß es gibt Wichtigeres im Leben als die Arbeit und den Erfolg.

3. Was ist für dich bei der Führung deiner Mitarbeiterinnen wichtig?

Mir sind vor allem Transparenz und Kommunikation wichtig. Wir arbeiten gemeinsam an Themen und geben uns gegenseitig Freiräume. Es liegt an beiden Seiten, die Erwartungen zu formulieren, und natürlich ist Respekt unabdingbar.

4. Welchem Vorurteil bist du begegnet, das dich wirklich getroffen hat, und wie bist du damit umgegangen?

Bei mir waren es eher private Themen, die mich gefordert und emotional getroffen haben. Unterschwellig wurde mir oft unterstellt, keine gute Mama zu sein, da ich ja nach sieben Monaten wieder arbeiten ging. In der Firma war die Vereinbarkeit weniger ein Thema. Ich habe immer versucht, in Lösungen zu denken, und mich nie gerechtfertigt oder gesagt: „Ich muss jetzt zu meinem Kind." Übrigens: Mein Partner hat mehr Vorurteile erlebt, als er mit unserer Tochter beim Babyschwimmen war. Er hat irgendwann mit allen Kinderaktivitäten aufgehört, da er immer der einzige Mann war.

5. Welches Event in deinem Leben hat deinen Blick auf Kind und Karriere verändert?

Es war für mich immer klar und Voraussetzung für die Gründung einer Familie, dass wir uns die Kinderbetreuung partnerschaftlich teilen. Also insofern gab es kein Event, das meine Meinung hätte ändern können.

6. Was braucht es in den Unternehmen, sodass mehr Frauen an die Spitze kommen?

Wichtig sind ein Zeitmanagement mit Terminen zu verträglichen Uhrzeiten und natürlich flexible Arbeitszeiten. Wir müssen weg von der Anwesenheitskultur und hin zur Outputorientierung. Natürlich helfen auch Dinge wie Mentoring, Führungskräfteausbildung, Visibility, Bewusstsein für Gender Diversity und Coaching sowie Trainings für Frauen. Es braucht eine aktive Förderung, da von selbst nichts passieren wird.

7. Wann hast du gezweifelt und wie bist du aus dem Tief wieder herausgekommen?

Ich habe immer wieder gezweifelt, ob ich meinen Job gut mache. Herausgekommen bin ich da mit einem Coaching. Habe mich auch stets auf meinen Einflussbereich fokussiert sowie auf das Positive. Und ich mache mir meine Stärken und Erfolge aktiv bewusst.

8. Was würdest du einer jungen Frau empfehlen, wenn es um Kind UND Karriere geht?

- Mache einfach beides und plane nicht in Abhängigkeiten. Warte also nicht mit dem Kind, bis du die erste Führungsposition hast, und verzichte nicht auf eine Stelle, weil du ein Kind planst oder möchtest oder eben erst Mutter geworden bist.
- Werde dir klar darüber, was dir wichtig ist, teile deinem Umfeld mit, was du willst und was dir wichtig ist, und hole dir externe Unterstützung (entweder Großeltern oder externe Dienstleisterinnen).

9. Was möchtest du den Leserinnen dieses Buches noch mitgeben?

Ich glaube, dass es mit einem Partner leichter ist – und mit gutem Gewissen ebenfalls. Jede Frau sollte sich vom schlechten Gewissen lösen – sowohl im beruflichen Kontext als auch privat. Und ich würde inzwischen jeder Frau auch empfehlen, gleich Vollzeit arbeiten zu gehen und sich das gesamte Geld zu holen.

Julia K. hat zwei Kinder und ist Co-Geschäftsführerin einer Agentur für Nachhaltigkeit in Wien. Ihr Mann kümmert sich hauptverantwortlich um die Kinder und den Haushalt. Julia kennt das Gefühl, anders zu sein und – auch aufgrund ihres Lebensmodells – kritisiert und beurteilt zu werden. Ihr Ehemann ist gerne bei den Kindern zu Hause. Ich mag Julia, weil sie sagt, was sie denkt, und mit beiden Beinen im Leben steht.

Das sind die Antworten von Julia auf meine Fragen:

1. Wie geht es dir persönlich mit Kind UND Karriere?
Beim ersten Kind war ich zwölf Monate in Karenz und mein Partner zwei Monate. Nach einem Jahr habe ich wieder 40 h gearbeitet. Beim zweiten Kind (nach zwei Jahren) war ich nur acht Monate in Karenz und habe immer ein bisschen nebenbei gearbeitet, da wir in der Agentur eine intensive Phase hatten. Aktuell sind die Kinder in der Schule beziehungsweise im Kindergarten und bei Krankheit und Unvorhergesehenem übernimmt mein Partner. Nur bei Arztterminen ist es den Mädchen wichtig, dass ich mit ihnen gehe, und das mache ich dann auch. Rückblickend betrachtet, war es für mich und meine Karriere sehr gut und für mich angenehm, wie wir die Dinge gelöst haben. Auch für die Kinder passt es sehr gut. Für eine Partnerschaft ist es zwar aus meiner Sicht besser, wenn beide in beiden Welten daheim sind, weil man da weniger Gefahr läuft sich auseinanderzuleben. Der Vorteil bei meinem Modell ist natürlich, dass bei mir der Stressfaktor wegfällt, da die Rollenaufteilung klar ist.

2. Was hast du in deiner Rolle als Mama gelernt, das du ins Unternehmen einbringen kannst?
Wichtig ist die eigene innere und auch nach außen Klarheit im Beruf und bei den Kindern. Ich mache auch keine Versprechungen mehr, die ich nicht halten kann. In beiden Welten versuche ich, ganz im Augenblick zu leben und nicht in die Vergangenheit oder Zukunft zu „reisen". Ich glaube, dass ich mit den Kindern noch authentischer geworden bin.

3. Was ist für dich bei der Führung deiner Mitarbeiterinnen wichtig?
Ich möchte meinen Mitarbeiterinnen Entwicklungsspielräume geben und ihnen aktiv zuhören. Auf meinem Weg habe ich gelernt zu reflektieren, sodass ich auch als Führungskraft lernen und mich vom Team führen lassen kann. Ich muss klare Rahmenbedingungen und Ziele vorgeben und den anderen das Erreichen der Vorgaben selbst überlassen.

4. Welchem Vorurteil bist du begegnet, das dich wirklich getroffen hat, und wie bist du damit umgegangen?
Bei mir war es ganz klassisch etwa dieser Kommentar: „Wieso hast du ein Kind, wenn du arbeiten gehst und nichts an deinem Leben änderst?" Und ich wurde mal gefragt, ob mich meine Kinder kennen und meinen Namen wissen. Es war also das traditionelle Vorurteil, dass Kinder zur Mutter gehören und ich natürlich in den Augen vieler eine Rabenmutter bin. Unser Modell hat natürlich auch meinen Partner getroffen. In den Augen der Gesellschaft hat er sich ein schönes Leben gemacht und manche haben ihn belächelt. Ehrlich gesagt: Es hat mich immer wieder getroffen – vor allem die ersten drei Jahre. Und ich bin den Vorurteilen mit Zynismus begegnet. Dann habe ich meinen inneren Frieden gefunden: Ich mache es gut, den Kindern geht es gut, meinem Partner gefällt das Modell – es passt also für alle Beteiligten. Natürlich habe ich zahlreiche Gespräche geführt und versucht, die Meinung der anderen zu ändern. In den meisten Fällen hat es nichts gebracht und ich musste mir eingestehen, dass ich nichts gegen die Vorurteile machen kann. Mittlerweile bekomme ich viel Bestärkung und höre oft, dass ich eine Vorbildfunktion habe.

5 Welches Event in deinem Leben hat deinen Blick auf Kind und Karriere verändert?
Ich wusste immer, dass ich weiterarbeiten werde und will – und das hat sich auch bestätigt. Es hat mich beruhigt, dass man kein anderer Mensch wird, wenn man ein Kind bekommt. Ich habe in meinem Bekanntenkreis Frauen erlebt, die mit Kindern weg vom Sozialleben und Beruf waren – und das war für mich ein abschreckendes Beispiel. Und ich wollte das Modell meiner Eltern nicht wiederholen. Meine

Mutter lebte nur für die Kinder und die Welt brach für sie zusammen, als ich auszog. Das wollte ich nicht. Ich liebe die Vielfältigkeit und die Abwechslung in meinem Leben.

6. Was braucht es in den Unternehmen, sodass mehr Frauen an die Spitze kommen?

Es braucht den Willen der Führungskräfte. Und ich will nicht mehr hören, warum es wieder mal nicht möglich ist. Bitte lasst es uns einfach TUN und Frauen in die Führungspositionen bringen. Wir müssen Rahmenbedingungen schaffen, mit denen Familie und Beruf vereinbar werden. Da geht es ja nicht nur um die Frauen, sondern auch um die Jungen und den Fachkräftemangel. Es ist inzwischen ein Generationenthema. Das Konzept der 60-Stunden-Woche ist antiquiert und die Unternehmen sollten sich so schnell wie möglich umstellen. Frauen trauen sich auch strukturell weniger zu. Wir wachsen jedoch mit der Aufgabe und da braucht es Führungskräfte, die den Frauen vertrauen und sie auch ins kalte Wasser werfen. Das war zumindest bei mir so.

7. Wann hast du gezweifelt und wie bist du aus dem Tief wieder herausgekommen?

Vor allem habe ich gezweifelt, als ich noch nicht meinen Frieden damit gefunden hatte. Jetzt ist das eher selten und ich komme schnell wieder raus, in dem ich meinen Blick auf das richte, was ich habe und was schön ist, statt auf das, was vielleicht besser laufen könnte. Für uns passt das Lebenskonzept so. Wir ermöglichen uns beide das Leben, das wir gerne leben möchten. Mein Partner liebt es, mit den Kindern daheim zu sein, und ich arbeite einfach gerne.

8. Was würdest du einer jungen Frau empfehlen, wenn es um Kind UND Karriere geht?

- Suche dir einen Partner, mit dem das eigene Lebenskonstrukt möglich und umsetzbar ist – und rede vorher mit ihm darüber.
- Sei selbstbewusst und gestalte die Rahmenbedingungen so, wie du es gerne möchtest.

9. Was möchtest du den Leserinnen dieses Buches noch mitgeben?
Generell wäre schon viel erledigt, wenn wir Frauen es einfach tun und nicht so viel darüber reden und nachdenken würden. Ich sage daher: „Traue es dir selbst zu, probiere aus und reflektiere, was für dich funktioniert. Sei mutig und denke in Chancen und Möglichkeiten."

> Claudia M. ist Mutter von zwei Kindern und Head of Human Resources bei einem großen internationalen Unternehmen. Ihr wurde zwei Monate nach der Geburt ihres zweiten Kindes vom Unternehmen angeboten, diese Position als Head of HR zu übernehmen. Die Elternkarenz war für ein Jahr geplant, es dauerte also noch zehn Monate, bis Claudia wieder für 34 h ins Unternehmen kam. Die Zeit wurde mit Projektarbeit über-brückt. Ich habe Claudia für diese Entscheidung immer sehr bewundert. Es war ein mutiger Schritt.

Das sind die Antworten von Claudia auf meine Fragen:

1. Wie geht es dir persönlich mit Kind UND Karriere?
Ich war bei beiden Kindern ein Jahr in Karenz und mein Partner zwei Monate. Danach haben mein Partner und ich in Teilzeit gearbeitet – jedoch immer Teilzeit auf hohem Niveau, also 32 oder 34 Arbeits-stunden pro Woche.

2. Was hast du in deiner Rolle als Mama gelernt, das du ins Unter-nehmen einbringen kannst?
Ich habe gelernt zu priorisieren und Problemen/Herausforderungen relaxter zu begegnen. Und ich bin die Königin der 80:20-Regel geworden.

3. Was ist für dich bei der Führung deiner Mitarbeiterinnen wichtig?
Mein Credo sind gegenseitiger Respekt und Akzeptanz für die Unter-schiedlichkeiten in puncto Persönlichkeit, Arbeitsstil und Lebens-philosophie. Dazu gehört auch bei jedem die notwendige Flexibilität, um private Vorhaben umzusetzen. Von mir wird nie jemand hören, dass ein freier Nachmittag oder ein längerer Urlaub nicht möglich ist. Umgekehrt wissen die Mitarbeitenden aber auch, dass sie dranbleiben

müssen, wenn wir bestimmte Deadlines zu erreichen haben. Dabei spielt Vertrauen eine wesentliche Rolle – gegenseitiges Vertrauen.

4. Welchem Vorurteil bist du begegnet, das dich wirklich getroffen hat, und wie bist du damit umgegangen?

Die Reaktionen aus dem näheren Umfeld waren zu Beginn: „Traust du dir das zu?" oder „Möchtest du das wirklich alles auf dich nehmen?" Letztendlich habe ich aber vor allem familiär den absoluten Rückhalt was meine Entscheidung betrifft.

Der Rückhalt im Unternehmen war von Beginn an riesig – da gab es wirklich flächendeckend nur positive Reaktionen – auch wenn die Kinder bei Telefonaten im Hintergrund oft bemerkbar waren. Oder auch wenn ich die Kinder mit im Büro hatte.

Neben den ersten kritischen, besorgten Reaktionen in meinem privaten Umfeld vermeide ich vor allem mit anderen Müttern die Gespräche rund um meine Arbeit, da ich als Führungskraft mit hoher Stundenanzahl immer mit großem Erstaunen und kritischen Fragen konfrontiert werde.

5. Welches Event in deinem Leben hat deinen Blick auf Kind und Karriere verändert?

Meine Kinder haben meinen Blickwinkel darauf definitiv verändert. Davor war ich blauäugig unterwegs, habe mir wenig Gedanken über diese große Herausforderung gemacht und hatte einen idyllischen Blick auf Familie.

Ich wollte gerne alles planen und meine Kinder lehrten mich Flexibilität sowie eine neue Sicht auf die Welt und die Arbeit per se. Ich bin inzwischen wie gesagt ein Fan der 80:20-Regel und habe eine pragmatische Einstellung.

6. Was braucht es in den Unternehmen, sodass mehr Frauen an die Spitze kommen?

Wir benötigen mehr Flexibilität, die von allen (Männern und Frauen) getragen wird. Oft werden die Stimmen der Frauen zu wenig gehört und es sind noch immer Ungleichheiten vorhanden. Für diese Herausforderung braucht es mehr gelebte Gleichheit, die durch ein Regelwerk untermauert wird.

7. Wann hast du gezweifelt und wie bist du aus dem Tief wieder herausgekommen?
Da gab es immer wieder Zeiten, die geprägt waren von zahlreichen Projekten im Unternehmen und Vorhaben im Privatleben. Es gab schwierige Phasen der Kinder und Krankheiten. Natürlich kommen dann Zweifel auf. Gleichzeitig bin ich aber auch stolz, es zu schaffen, und das überwiegt. Mein Erfolgskonzept sind die vermeintlich keinen Stellschrauben, an denen ich dann drehe. Wenn es mir dauerhaft nicht gut geht, würde ich mein Lebenskonzept ändern.

8. Was würdest du einer jungen Frau empfehlen, wenn es um Kind UND Karriere geht?

- Nimm deinen Erfolg in die eigene Hand und gehe deinen Weg
- Traue dich und denke nicht daran, was alles sein könnte
- Stelle dir keine Fragen, auf die es keine (richtigen) Antworten gibt, wie zum Beispiel: Was, wenn das Kind sich im Kindergarten nicht wohl fühlt? Ist es schlimm, wenn mein Kind mittags nicht zuhause ißt?
- Denke in Lösungen und nicht in Problemen.

9. Was möchtest du den Leserinnen dieses Buches noch mitgeben?
Sei mutig und du selbst in allen Dimensionen und stehe zu deinen kleinen Macken und Fehlern.

Suche dir ein Vorbild und sei du selbst auch eines!

Stelle dir bei Gelegenheit mal die Frage, ob du ein Vorbild hast oder eine Person, die du sehr schätzt und vielleicht auch bewunderst?

Was genau ist das Tolle an dieser Person? Welche Charaktereigenschaften gefallen dir oder ist es ein bestimmtes Verhalten, das dich beeindruckt?

UND: Sei bitte du selbst und sei ein Vorbild für die anderen, indem du an deinen förderlichen und hinderlichen Mustern arbeitest, deine Fähigkeiten kennst und deine Werte lebst!

Literatur

John Boden (2019). Obama introduces himself as 'Michelle's husband' at leadership forum. The Hill. https://thehill.com/blogs/blog-briefing-room/news/430839-obama-introduces-himself-as-michelles-husband-at-leadership/. Zugegriffen: 21. Juli 2022

7

Es wird Zeit für eine neue Rolle für Männer und Väter

>> Wir sitzen alle im gleichen Boot – es geht nur gemeinsam und auf Augenhöhe.

Laut dem Väterreport des Bundesfamilienministeriums, Update 2021, würden 41 % der Männer gerne in Elternzeit gehen, aber nur 17 % nehmen diese Möglichkeit in Anspruch. 44 % der Eltern wollen laut derselben Studie eine partnerschaftliche Aufteilung bei der Kinderbetreuung, nur 17 % setzen das um. Wunsch und Wirklichkeit klaffen auseinander! Patriarchale Denkmuster, Boys Clubs und toxische Männlichkeit werden als Hindernisse für mehr Frauen und Mütter in Führungspositionen gesehen.

All das zeigt: Auch bei den Denkmustern von Männern ist eine Veränderung notwendig. Sie brauchen vor allem mehr Mut, tatsächlich neue Wege zu gehen. Wege raus aus dem klassischen Karrieredenken und vielen (oft unbewussten) männlichen Verhaltensweisen. Und es liegt an uns Frauen, den Männern bei der Kinderbetreuung und im Haushalt Raum zu geben. Wir müssen wollen, dass sie uns nicht nur ab und zu unterstützen. Es geht um eine echte Aufteilung der Aufgaben.

© Der/die Autor(en), exklusiv lizenziert an Springer-Verlag GmbH, DE, ein Teil von Springer Nature 2023
M. Wölfl, *Kind und Karriere – es geht beides!*,
https://doi.org/10.1007/978-3-662-66087-4_7

Nur dann werden sich Männer zu Hause nicht mehr als „inkompetente Praktikanten" fühlen, sondern als gleichwertige Partner.

» Wenn sich Eltern die Kinderbetreuung und Hausarbeit partnerschaftlicher aufteilen würden, dann würden wir mehr Männer bei den Kindern zu Hause und mehr Frauen in der Führung der Unternehmen sehen.

7.1   Diskrepanz zwischen Wunsch und Realität

Wir haben schon gesehen, dass sich ein tiefer Graben auftut zwischen Wunsch und Realität. Hierzu liefert der erwähnte Väterreport einige aufschlussreiche Details. „Aktive Vaterschaft" wird darin als Trend einer neuen Generation bezeichnet. Was ist damit gemeint?

Aktive Väter …

- fühlen sich ebenso wie die Mütter für die Erziehung und das Wohl der Kinder verantwortlich,
- sind an einer partnerschaftlichen Aufgabenteilung interessiert,
- nehmen Elternzeit und beziehen dabei Elterngeld und nehmen sich damit Zeit für ihre Kinder,
- nutzen betriebliche Angebote zur Unterstützung partnerschaftlicher Vereinbarkeit,
- pflegen einen warmherzigen, intensiven Umgang mit ihren Kindern;
- beschäftigen sich im Vergleich zu anderen Vätern überdurchschnittlich viele Stunden mit ihren Kindern,
- beteiligen sich stärker als andere Väter an der Kinderbetreuung und -versorgung.

Die Rolle der Väter hat sich in den letzten Jahren oder Jahrzehnten sehr gewandelt. Während mein Vater nie Windeln gewechselt oder gar einen Kinderwagen geschoben hat, sagen heute 69 % der Väter mit Kindern unter sechs Jahren, dass sie einen größeren Beitrag zur Kinderbetreuung leisten als die Generation davor (Väterreport, Update 2021). Auch die Gesellschaft tickt mittlerweile anders, denn 80 % der deutschen Bevölkerung erwarten vom Vater, dass er so viel Zeit wie möglich mit den Kindern verbringt.

Und die Praxis? Etwa neun von zehn Müttern geben an, mehr als die Hälfte der Kinderbetreuung zu übernehmen. Und während zumindest 42 % der Väter Elterngeld beziehen, gibt es bei der Bezugsdauer einen sehr großen Unterschied zu Müttern. Letztere beziehen im Schnitt etwa 14 Monate Elterngeld, die meisten Väter zwei Monate. 51 % der Väter mit Kindern unter zehn Jahren geben finanzielle Motive als Hinderungsgründe für eine längere Inanspruchnahme von Elterngeld an und 27 % äußern grundsätzliche Vorbehalte. 8 % der Väter fürchten berufliche Nachteile (Väterreport, Update 2021).

Es geht aber nicht nur um die Erwartungen anderer oder um das, was tatsächlich schon umgesetzt wird: Väter WOLLEN auch Zeit mit ihren Kindern verbringen, wobei sie sich mit ähnlichen Herausforderungen konfrontiert sehen wie Mütter – vor allem mit dem Mangel an Zeit. Und dennoch: Laut einer Online-Befragung des Instituts für Demoskopie Allensbach (2021) wünschen sich 43 % der Väter mit Kindern unter zehn Jahren eine partnerschaftliche Aufteilung von Erwerbsarbeit und Familie, während es noch 2007 nur 27 % waren.

Beispiel

Ich bin ja immer neugierig und stelle viele Fragen – so auch im Rahmen von Workshops in unterschiedlichsten Unternehmen. Drei Diskussionen sind mir dabei in Erinnerung geblieben.

1. Im Rahmen einer Veranstaltung zu „Familie und Beruf" unterhielt ich mich mit Vätern und Müttern über familienfreundliche Maßnahmen im Unternehmen. In der Gruppe von etwa zehn Manager:innen waren drei Männer, deren Kind im Jahr davor geboren worden war. In allen drei Fällen war entweder die Frau gar nicht berufstätig, in Elternzeit oder arbeitete in Teilzeit. Die drei Väter waren der Meinung, aus finanziellen Gründen nicht in Karenz/Elternzeit gehen zu können.
   Ich stellte den Vätern die Frage: „Nehmen wir mal an, es gäbe keine finanziellen Nachteile für Sie, würden Sie dann in Elternzeit gehen?" Daraufhin herrschte kurz Stille im Raum – wir hätten eine Stecknadel fallen hören können. Die Antworten der drei Männer waren identisch und sehr ehrlich: Auch ohne finanzielle Nachteile würden

sie nicht in Elternzeit gehen, weil sie große Nachteile für ihre Karriere befürchteten.

2. Im Rahmen eines anderen Workshops bei einer großen österreichischen Bank erzählte mir ein Sales Manager, dass er drei Kinder habe und auf KEINEN Fall zwei Monate in Karenz gehen könne. „Ich verdiene so viel mehr als meine Partnerin, das ist wirklich unmöglich!" Wir sprachen weiter über andere Themen. Einige Sätze später meinte er, dass seine Partnerin in JEDEM Fall drei Jahre zu Hause bei den Kindern bleibe und danach vielleicht einen Tag pro Woche arbeiten gehe. Daraufhin teilte ich folgenden Gedanken mit meinem Gesprächspartner: „Können wir uns bitte den „Break-even-Point" ausrechnen? Wir stellen Ihren Verdienstausfall von zwei Monaten dem Lohn Ihrer Partnerin für drei Jahre sowie ihrem wegen Teilzeitbeschäftigung entgangenen Einkommen für die drauffolgenden Jahre gegenüber." Es folgte ein entsetzter Blick, denn es wurde dem Mann bewusst, dass er nur in traditionellen Mustern dachte und nur klassische Sätze wiederholte.

3. In einem anderen Unternehmen stellte ich den Männern die Frage, was der Arbeitgeber anbieten müsste, damit die drei Väter in der Runde die Elternzeit in Anspruch nehmen würden. Ein Vater meinte, dass er soeben eine Führungsposition erhalten habe und somit unmöglich einige Monate fehlen könne.

Der Leiter der Rechtsabteilung erzählte, dass seine Frau Holländerin sei und möchte, dass er zumindest zwei Monate die Kinderbetreuung übernehme. Er könne das aber aufgrund seiner Position im Unternehmen nicht, sagte er und ergänzte: „Ich lasse doch mein Team nicht im Stich!" Und überhaupt: Was passiere mit seiner Stelle, wenn er einige Monate nicht da sei? Er würde sich eine Elternzeit nur überlegen, wenn der Betrieb eine Rückkehr in die aktuelle Position garantiere und er keine finanziellen Nachteile habe.

Der dritte Mann sagte nur: „Meine Frau möchte sich die Elternzeit nicht mit mir teilen und ehrlich gesagt, bin ich sehr froh darüber."

》 Für Wunder muss man beten, für Veränderungen aber arbeiten.

Thomas von Aquin

Verschiedene Modelle für Elternschaft plus Beruf

In 2019 waren in zwei Dritteln der Fälle beide Eltern berufstätig, in etwa einem Drittel nur Vater oder Mutter. Hier die möglichen Konstellationen im Überblick (Wittenberg-Cox, 2018):

- **Einverdienermodell:** Eines der Elternteile (in der Regel der Vater) verfolgt eine Karriere, die das gesamte Leben der Familie bestimmt. Der Vorteil für ihn beziehungsweise sie ist ein meist hohes Einkommen, weil eben der Fokus ganz auf dem Beruf liegt, während die andere Person sich keine Sorgen um das Finanzielle zu machen braucht. Allerdings besteht immer die Gefahr einer Kündigung, wodurch dann sofort das gesamte Familieneinkommen entfällt. Auf dem oder der Berufstätigen lastet die gesamte Verantwortung, was die Sicherung des Einkommens der Familie betrifft. Das bedeutet auch einen großen Druck und weniger Flexibilität, denn ein Jobwechsel wird selten riskiert. Die nichtverdienende Person erlebt finanzielle Abhängigkeit und ihr fehlt die Altersvorsorge. Das traditionelle Konzept des Mannes als Alleinverdiener kommt immer seltener vor: Von 2006 bis 2019 sank der Anteil der Eltern, die es verwirklichen, von 32 auf 27 %. In Ostdeutschland sind laut Update des Väterreports von 2021 die Väter noch viel seltener der Hauptverdiener, nämlich in nur etwa 20 % der Fälle. Etwa 3 % der Paare in Deutschland geben laut demselben Report an, dass die Frau die Alleinverdienerin ist.
- **Der aktuelle Klassiker:** Der Vater arbeitet Vollzeit und die Mutter Teilzeit (zwischen 20 und 36 h die Woche) Dieses Modell gleicht die oben genannten Nachteile etwas aus, jedoch ist in der Regel die Karriere des Mannes die scheinbar wichtigere, die unter anderem darüber bestimmt, wo die Familie lebt. Dieses Modell hat den größten Anstieg erfahren: in den Jahren 2006 bis 2019 von 19 % auf 31 % (ebenfalls laut Väterreport-Update von 2021).
- **Gleichberechtigtes Modell:** Entweder arbeiten beide Elternteile in Teilzeit oder beide in Vollzeit: Dieses Modell wählen etwa 19 % der Eltern und es kann im Alltag sehr unterschiedlich gelebt werden. Zum Beispiel sind sich abwechselnde Phasen möglich, in denen jeweils die Karriere einer der beiden Personen Vorrang hat. Wird etwa der Mutter oder dem Vater eine Beförderung angeboten, trifft man gemeinsam die Entscheidung, ob deren/dessen Beruf jetzt prioritär ist. Wenn beide gleichzeitig mit Vollgas ihre Karriere verfolgen (sogenannte Dual-Career-Couples), erfordert dies im Alltag viel Abstimmung und auch externe Unterstützung (Väterreport, Update 2021). In einem Artikel von *Harvard Business Review* wird auch von komplementären Lösungen berichtet, bei denen Diversität genauso vorteilhaft ist wie in den Teams von Unternehmen. Die Partner haben dabei sehr unterschiedliche Karrieren mit Höhenpunkten zu jeweils anderen Zeitpunkten. Der Arbeitsdruck ist mal bei der Mutter, mal beim Vater höher. Über

die Jahre nivelliert sich die Belastung (Wittenberg-Cox 2018). Mir ist als Beispiel für dieses Modell Michelle und Barack Obama eingefallen. Michelle wollte, wie schon erwähnt, nie die Rolle der First Lady und hat sie dennoch übernommen – und ist nun mit ihrem Buch erfolgreicher als ihr Mann.

7.2   Auch Männer brauchen mehr Mut für die Veränderung

》》 Ich wundere mich, wieso nicht mehr Männer wütend sind, wenn sie sehen, wie Frauen behandelt werden.

Robert Franken[1]

Etwa 75 % der Väter in Deutschland nahmen in 2020 kein Elterngeld in Anspruch – und wenn, dann durchschnittlich für nur 3,7 Monate (Statista 2021). Nur 6,4 % der Männer mit minderjährigen Kindern im Haushalt arbeitete 2019 Teilzeit (Statista 2022) – eine Minderheit, ebenso wie die Zahl der Frauen in Führungspositionen, wobei eines mit dem anderen zusammenhängt. In Österreich bezogen im Jahr 2020 nur 3,6 % der Väter Kinderbetreuungsgeld (Statistik Austria 2021). In acht von zehn Paaren geht der österreichische Mann weder in Karenz noch bezieht er Kinderbetreuungsgeld (Riesenfelder und Danzer 2021). In der gleichen Studie wurde auch gezeigt, dass nur 2 % der Österreicher die Erwerbstätigkeit zwischen 3 bis 6 Monate unterbrechen. Immerhin 10 % der Väter wählen eine Karenzdauer unter drei Monaten.

Die Hauptlast der Familienarbeit liegt noch immer bei den Frauen. Wie wir gesehen haben, belegen Studien, dass Männer gerne anders leben möchten. Junge Väter möchten mehr Zeit mit ihren Kindern

---

[1] Robert Franken ist unter anderem Mitbegründer der Plattform „Male feminists Europe".

verbringen und scheuen dennoch den Weg zum Arbeitgeber, da sie Nachteile fürchten. Väter auf dem Spielplatz fühlen sich, so meine Beobachtung, häufig als Aliens, werden aber zumindest öfter dafür wertgeschätzt als Mütter. Mein Mann zum Beispiel erntete viele bewundernde Blicke, als er in einem Meeting einfach aufstand und meinte: „Ich habe gerade einen Anruf meiner Frau erhalten. Ein Notfall! Ich muss gehen – es haben beide Kinder eine Lungenentzündung."

Wieso ist es nun für Männer nützlich, ein Teil der Veränderung zu sein? Welche Vorteile hat es für Männer, die Väter und Top-Manager sind? Nähern wir uns der Antwort quasi von der anderen Seite: Der größte Psychologenverband der Welt, die American Psychological Association, sieht negative gesundheitliche Konsequenzen als größten Nachteil der traditionellen Männlichkeit – sowohl mental als auch körperlich. Typisch männliche Eigenschaften wie Unabhängigkeit, Härte, Konkurrenz, Wettbewerb und Aggression trieben Männer häufiger hinter Gitter, in den Burnout und in Depressionen (Zukunftsinstitut 2022). Ich persönlich stelle es mir schwierig vor, die Last eines Alleinverdieners schultern zu müssen. Männer tragen damit eine große finanzielle Verantwortung und überlegen sich, wie schon gesagt, einen Wechsel des Arbeitgebers dreimal, da sie kein Risiko für die Familie eingehen können. Das führt natürlich zu hohem Druck und Unzufriedenheit. Wenn all die Verantwortung auf zwei Schultern verteilt wäre, so würde das Gewicht für jede Person nur die Hälfte betragen. Zudem würden Flexibilität des Einzelnen und eine Beziehung auf Augenhöhe als großer Gewinn für beide winken.

Auch Väter sind Vorbilder für ihre Kinder und sollten sich dessen bewusst sein. Es hat sich in den letzten Jahren viel getan, aber es geht noch mehr.

Neue Väter sind gefragt

Viele Väter erzählen mir, dass sie auch gerne nachmittags mal um 15:30 Uhr die Arbeit beenden würden, um zum Beispiel beim Laternenfest des Kindes dabei oder rechtzeitig zu dessen Geburtstagsfeier zu Hause zu sein oder, oder, oder. Ein Rechtsanwalt hat in seinem Terminkalender jeden Mittwochnachmittag einen Termin für ein wichtiges Projekt. Er muss aber jede Woche wieder durchfechten, dass er am Freitag um 14 Uhr seine Kinder vom Kindergarten abholen darf – diesen ständigen Zwang zum Argumentieren ist er leid. Ein Freund arbeitet Teilzeit und meint: „Meine Karriere kann ich damit vergessen."

Es gibt sie also, die neuen Väter, und das macht Hoffnung. Wir stecken nur alle in traditionellen Rollenmustern fest, die uns nicht immer bewusst sind. Hier gilt es, stetig, nachhaltig und mit Selbstbewusstsein Vorreiter:innen zu sein und den Weg für die nächsten Generation zu ebnen. Als Eltern tragen wir eine große Verantwortung für die Rollenbilder unserer Kinder. Eine Beziehung auf Augenhöhe, Teilung der Aufgaben im privaten Umfeld und Bewusstsein für „neutrale" Erziehung von Mädchen und Jungen erscheinen mir besonders wichtig und sind eine tägliche Herausforderung.

Und wieder einmal sage ich nicht, dass das immer einfach ist!

» **Be an encourager. The world has plenty of critics already.**

Dave Willis

Neue Väter braucht das Land – da sind wir uns alle einig. Wir sind auf dem Weg und doch klaffen Wunsch und Wirklichkeit noch weit auseinander. Die Beteiligung der Frauen am Arbeitsleben steigt ständig, es engagieren sich auch immer mehr Väter in der Kindererziehung und nehmen sich Elternzeit – wenn auch auf bisher nach wie vor geringem Niveau. Es gibt viel zu tun und bitte, liebe Männer, leistet euren Beitrag!

Literatur

Andreas Riesenfelder, Lisa Danzer (2021). Wiedereinstiegsmonitoring. L&R Sozialforschung. https://www.lrsocialresearch.at/files/Wiedereinstiegsmonitoring_Oesterreich_und_Bundeslaender,_5._Fassung.pdf. Zugegriffen: 21. Juli 2022

Avivah Wittenberg-Cox (2018). Being a Two-Career Couple Requires a Long-Term Plan. Harvard Business Review. https://hbr.org/2018/02/being-a-two-career-couple-requires-a-long-term-plan. Zugegriffen: 21. Juli 2022

Bundesministerium für Familie, Senioren, Frauen und Jugend (2021). Väterreport. Update 2021. https://www.bmfsfj.de/resource/blob/186176/81ff4612aee448c7529f775e60a66023/vaeterreport-update-2021-data.pdf. Zugegriffen: 21. Juli 2022

Frauke Suhr (2021). Mehr Männer nehmen Elternzeit – zumindest kurz. Statista.   https://de.statista.com/infografik/24835/anteil-der-vaeter-in-deutschland-die-elterngeld-beziehen/. Zugegriffen: 21. Juli 2022
Institut für Demoskopie Allensbach (2021). Elternzeit, Elterngeld und Partner-schaftlichkeit.   https://www.ifd-allensbach.de/fileadmin/IfD/sonstige_pdfs/8251_Bericht_Elternzeit_final.pdf. Zugegriffen: 21. Juli 2022
Statistik Austria (2021). Familienleistungen. https://www.statistik.at/statistiken/bevoelkerung-und-soziales/sozialleistungen/familienleistungen. Zugegriffen: 21. Juli 2022
Statista (2022). Vollzeit- und Teilzeitquote von erwerbstätigen Männern und Frauen mit minderjährigen Kindern im Haushalt im Jahr 2019. https://de.statista.com/statistik/daten/studie/38796/umfrage/teilzeitquote-von-maennern-und-frauen-mit-kindern/. Zugegriffen: 21. Juli 2022
Zukunftsinstitut (2022). Auszug aus dem Zukunftsreport 2022. Warum Männer zentrale Treiber des Feminismus werden. https://www.zukunfts-institut.de/artikel/warum-maenner-zentrale-treiber-des-feminismus-werden/. Zugegriffen: 21. Juli 2022

8

Liebe Unternehmen, es kann dann jetzt mal losgehen

» Die Definition von Wahnsinn ist, immer wieder das Gleiche zu tun und andere Ergebnisse zu erwarten.

Albert Einstein (angeblich)

In vielen Unternehmen herrscht schon ein klares Bewusstsein für die Themen Diversität, Gleichberechtigung und Frauen in Führungspositionen. Das ist gut so. Der Großteil der Betriebe hat sich auf den Weg gemacht und arbeitet an der einen oder anderen Stelle mit und an diesen Themen – meist jedoch nicht allzu fokussiert und nicht mit Top-Priorität.

Erfolgreiche Unternehmen mit einem hohen Anteil weiblicher Führungskräfte und einer großen Diversität in den Teams eint aus meiner Erfahrung heraus das Wissen um die genannten Herausforderungen, das Engagement des Top-Managements und Maßnahmen auf verschiedenen Ebenen. Es gibt viele Wege zum Ziel und auf

© Der/die Autor(en), exklusiv lizenziert an Springer-Verlag GmbH, DE, ein Teil von Springer Nature 2023
M. Wölfl, *Kind und Karriere – es geht beides!*,
https://doi.org/10.1007/978-3-662-66087-4_8

einige der aktuell erfolgversprechendsten möchte ich detailliert ein-
gehen. Es geht dabei um die Bereiche Vereinbarkeit von Familie und
Beruf, Führung in Teilzeit und Transparenz im Rekrutierungs- und
Beförderungsprozess.

In den Unternehmen ist das Bild des „alten, weißen Mannes" ein
Symbol für Rückschritt und fehlende Diversität geworden. Und doch
hält sich zumindest der weiße Mann hartnäckig, sprich, er besetzt die
meisten Führungspositionen. Die Allbright Stiftung (Allbright Stiftung
gGmbH 2021) spricht vom Thomas-Kreislauf, da Männer sich am
liebsten mit Männern umgeben würden. Laut der Stiftung hießen im
Oktober 2021 die meisten Vorstände Thomas, gefolgt von Christian,
Stefan, Michael und Markus. Bei den Vorstandsvorsitzenden gibt es
mehr Christians (neun) als Frauen (acht).

Die meisten Führungskräfte und Top-Manager:innen haben ein
Bewusstsein für das Thema. Sie wissen, dass mehr Diversität wichtig ist.
Laut einer im Mai 2020 erschienenen Studie von McKinsey ist allerdings
eine immer größere Polarisierung zu beobachten (Sundiatu Dixon-Fyle
et al. 2020), da sich einige Unternehmen intensiv mit dem Thema aus-
einandersetzen und Erfolge sehen, während sich andere ihm nur langsam
nähern. Der Abstand zwischen den besten und den schlechtesten 25 %
wächst laut diesem Bericht von McKinsey. „Wir haben andere Prioritäten" ist ein Satz, den ich in diesem Zusammenhang häufig höre.

Mir ist wichtig, dass der Nutzen von Diversität und Gleichberechtigung kommuniziert wird. In erfolglosen Unternehmen heißt es
oft etwas mitleidig: „Wir müssen etwas für die Frauen tun!" Aus meiner
Sicht wird diese Absichtsbekundung allein nirgendwohin führen. Dabei
spüren manche Firmen bereits, was es bedeutet, untätig in dieser Sache zu
sein. Beispielsweise werden Pressefotos des Top-Managements mit lauter
weißen Männern im Einheitslook sehr kritisch beleuchtet. Die Angst vor
negativer Berichterstattung ist da und so sehen sich viele Unternehmen
gezwungen, aktiv zu werden. Auch die Rote Liste der Allbright Stiftung
(2021), auf der börsennotierte Unternehmen mit keiner einzigen Frau im
Vorstand stehen, sorgt wiederholt für Diskussionen in den Medien. Ergo:
Der Druck auf die Unternehmen wächst. Und das ist gut so.

Nun aber zu den konkreten Maßnahmen, die Unternehmen
umsetzen können und sollten.

8.1 Nachhaltiger Management-Fokus auf Diversität und Frauen in Führung

Wie bei so vielen anderen Dingen auch sollte die Veränderung an der Spitze beginnen. Das Thema Diversität muss im Top-Management als Priorität angesehen werden und es muss ein Bewusstsein für die positiven betriebswirtschaftlichen Effekte herrschen. Aus meiner Sicht haben große Unternehmen auch eine gesellschaftliche Verantwortung in diesem Bereich und ich bitte sie im Rahmen meiner Arbeit immer wieder, diese auch zu übernehmen.

Erfolgreiche Unternehmen haben das, wie gesagt, längst getan. Bei ihnen stehen Diversität und Frauen in Führung immer wieder auf den Agenden der Management-Meetings, es wird über den Status quo und die Key Performance Indicators berichtet. Ich rate stets dazu, in Diskussionen Daten und Fakten parat zu haben sowie Abteilungen miteinander zu vergleichen. In den meisten Firmen ist es offensichtlich, dass sich in manchen Bereichen viele Männer Elternzeit nehmen oder Frauen in Führungspositionen arbeiten und es in anderen Sparten ganz anders aussieht. Transparenz diesbezüglich und offener Austausch machen sich bezahlt.

Der nachhaltige Fokus des Top-Managements ist von erheblicher Bedeutung, da eine diverse und inklusive Unternehmenskultur vorgelebt werden muss. An dieser Stelle seien die zehn Merkmale einer integrativen Organisation aufgeführt (angelehnt und übersetzt nach: Georges Desvaux et al. 2017). Diese sind:

- Unorthodox: Richtlinien und Regeln werden ständig auf den Prüfstand gestellt. Es sollen die Bedürfnisse aller berücksichtigt werden, nicht nur jene einer dominanten Gruppe.
- Polymorph: Es werden verschiedene Führungsstile verwendet, wobei anerkannt wird, dass Effektivität viele Formen hat.
- Ermächtigt: Anstelle von „command and control" ist jede:r ermächtigt und hat jede:r die Möglichkeit, die Zukunft zu gestalten.
- Facettenreich: Die Organisation spiegelt die Gesellschaft wider, in der wir leben – sie ist multikulturell und weist ein breites Spektrum an Religionen, Kulturen und Ethnien auf.

- Meritokratisch und fair: Die Prozesse sind fair und alle werden gleich behandelt, in einem Umfeld, das frei von Vorurteilen ist.
- Fürsorglich und sicher: Die Umgebung ist angstfrei, hierarchiefrei und gewaltfrei.
- Respektvoll: Frauen gelten als *peers;* jede Stimme hat das gleiche Gewicht und kann von allen gehört werden.
- Ausgewogen: Die Organisation ermöglicht eine Work-Life-Balance, was bedeutet, dass keine langen Arbeitszeiten mehr erforderlich sind und dass Leistung nicht an physische Präsenz und Zeitaufwand gebunden ist.
- Global und agil: Es gibt vollständige Konnektivität auf globaler Ebene und Flexibilität durch Nutzung von Technologie.
- Erfinderisch: Ein zukunftsorientierter CEO ist umgeben von mutigen und kreativen Millennials.

Best Practice

Ein großes Beratungsunternehmen fokussiert seine Aktivitäten seit vielen Jahren auf das Thema „mehr Frauen in Führungspositionen" und arbeitet an den Herausforderungen. Mehr als die Hälfte der Belegschaft sind Frauen und die Mehrheit der Mitarbeiterinnen besitzt einen Universitätsabschluss. Es gibt Ziele für den Anteil von Frauen für das Top-Management, es müssen bei jeder Beförderung gleich viele Frauen wie Männer auf den Listen stehen (die transparent sind) und es werden immer wieder Unternehmenskennzahlen aus verschiedenen Bereichen miteinander verglichen.

Der Frauenanteil im Top-Management beträgt etwa 35 % und damit ist das Unternehmen noch nicht zufrieden. Ich durfte den letzten Workshop leiten, in dem noch mal über weiterführende Maßnahmen zur Frauenförderung diskutiert und abgestimmt wurde.

Für mich ist dieses Unternehmen ein Vorbild. Es wird dort wirklich tolle Arbeit geleistet.

8.2 Überblick über Maßnahmen für die Unternehmen

Für Veränderung ist es wichtig, die Menschen aus der Komfortzone zu holen und bewusstseinsbildende Maßnahmen zu entwickeln. Führungskräfte spielen dabei eine wichtige Rolle. Wie beim Einzelnen und den Familien gibt es auch für die Unternehmen kein Patentrezept. Und: Der Weg ist das Ziel. Rom wurde auch nicht an einem Tag erbaut. Es geht um eine kontinuierliche Verbesserung und einen nachhaltigen Fokus auf das Thema.

In Abb. 8.1 sind mögliche Aktivitäten für die Förderung von Frauen und Müttern dargestellt. Einige davon werde ich im Folgenden genauer beschreiben.

8.2.1 Flexibilisierung der Arbeitszeit und mobiles Arbeiten

Durch Corona hat sich in den Unternehmen viel getan. Das ist nicht nur hilfreich für die junge Generation, sondern auch für Eltern. Wir sind flexibler geworden und wissen, dass Arbeiten nicht nur im Unternehmen, sondern an vielen verschiedenen Orten möglich ist. Auch ist die Zahl der Stunden weniger wichtig geworden. Das Ergebnis zählt! Jede Person hat ihren eigenen Biorhythmus und es ist gut, wenn sie das bei ihrer Arbeit berücksichtigen kann. Natürlich gilt es dabei auch, innerhalb des Teams Kompromisse zu finden und gemeinsam an Lösungen zu arbeiten. Eines ist jedoch sicher: Die erwartete und geforderte Flexibilität wird bleiben.

> **Beispiel aus Dänemark**
>
> Vor vielen Jahren saß ich beim Abendessen mit Freunden neben einem dänischen Ehepaar mit drei Kindern. Beide Eltern waren berufstätig. Sie erzählten mir, wie ich schon in Kap. 4 beschrieben habe, dass in Dänemark üblicherweise der Großteil der Meetings zwischen 9 und 15 Uhr stattfindet. Das sind sehr familienfreundliche Arbeitszeiten. Um 15 Uhr gehen die meisten Dänen nach Hause beziehungsweise holen die Kinder aus dem

Überblick an Initiativen
für Unternehmen

Female Empowerment Trainings	Transparenter Einkommens-bericht	Coaching/ Weiterbildung für berufstätige Eltern	Vertrauens-arbeitszeit
Unconsciuos Bias Trainings (unbewusste Assoziationen)	Mentor:innen	Interne KPIs im Vergleich	Frauennetzwerk
Interne Kommunikation (Role Models, …)	(verpflichtende, interne) Quoten	Change Agents	Unter-nehmens-kultur
Gender-neutrale Sprache	Professionelles Karenz-management	Flexible Arbeits-Modelle	Interne Prozesse (Recruiting, Beförderungen, …)
Mobile Office	Betriebliche Kinder-betreuung	Job/Top Sharing	….

Abb. 8.1 Überblick an Initiativen für Unternehmen. (© Maren Wölfl 2022. All Rights Reserved)

Kindergarten ab. Abends wird dann noch mal gearbeitet. Die Büros sind jedoch ab 16 Uhr leer.

Ich stelle diese kostengünstige und familienfreundliche Maßnahme immer wieder in den Unternehmen vor und in den meisten Fällen halten meine Gesprächspartner:innen eine solche „Meetingkultur" für undenkbar. Meine Empfehlung lautet, dass sich jedes Team Gedanken darüber machen sollte. Ist es nicht doch möglich, dass für Besprechungen Zeiten vereinbart werden, die für alle passen? Ich bin davon überzeugt, dass dies umsetzbar ist. Es ist eine Führungsaufgabe!

8.2.2 Teste deine eigenen unbewussten Voreingenommenheiten

Ich kann allen Leserinnen dieses Buches nur empfehlen, bei sich selbst zu beginnen – auch im Zusammenhang mit dem Thema dieses Kapitels, nämlich den nötigen Veränderungen in Unternehmen. Wie heißt es doch gleich: Kehre zuerst vor der eigenen Tür! Und glaube mir, dort liegt einiges herum! Beginne am besten sofort, dich dort umzusehen und aufzuräumen. Räume auf mit deinen eigenen Vorurteilen, vorgefassten Meinungen, Rollenbildern – und konzentriere dich dabei auf das, was unbewusst ist und wirkt.

❯❯ Glaube nicht alles, was du denkst!

Wo kommen Vorurteile und unbewusste Voreingenommeneinheiten im Unternehmensalltag vor? Hierzu gibt es diese spannenden Erkenntnisse (Joan Williams und Sky Mihaylo 2019):

1. Manche Gruppen müssen mehr leisten als andere, um gesehen zu werden.
2. Eine Gruppe von Menschen hat einen kleineren akzeptierten Verhaltensspielraum als eine andere.

3. Das Engagement und die Kompetenz von Frauen mit Kindern werden angezweifelt oder sie werden aufgrund ihrer zu starken Fokussierung auf die Karriere verurteilt.

4. Benachteiligte Gruppen werden gegeneinander ausgespielt, weil sie andere Anpassungs-Strategien gewählt haben oder sich nicht anpassen wollen.

Meine eigene Voreingenommenheit

Ich erzähle immer wieder meine eigene Geschichte zu einem Test von Harvard, den ich vor vielen Jahren machte. Eine Kollegin hatte ihn mir empfohlen, um meiner eigenen unbewussten Voreingenommenheit *(unconscious bias)* gegenüber Rassen, Religionen, Geschlecht und vielem mehr auf den Grund zu gehen. Wie so viele andere auch war ich der festen Überzeugung, dass ich in diesem Punkt ziemlich „gut" sei. Ich konnte mir beim besten Willen nicht vorstellen, gegenüber anderen Rassen oder den Themen Frauen/Familie und Männer/Karriere voreingenommen zu sein. Die Kollegin gab mir auch den Tipp, mir ein Glas Wein einzuschenken. „Beim Lesen deiner Ergebnisse wirst du den benötigen", meinte sie nur. Ich wunderte mich zwar, probiere den Test aber natürlich dennoch aus. Ich bin ja immer neugierig. Und ich trank das Glas Wein tatsächlich.

Mein Ergebnis zeigte eine eindeutige Voreingenommenheit. Ich wäre jedoch nicht ich, wenn ich das Resultat nicht angezweifelt hätte. Ich erkundigte mich, ob die Ergebnisse stimmten, und recherchierte. „Leider" ist dieser Test ziemlich gut und du kannst dem, was dabei herauskommt, vertrauen. Und so stellte ich mich der unangenehmen Tatsache. Was ich dabei lernte? Es ist total normal, voreingenommen zu sein, da wir nun einmal in einer Gesellschaft aufwachsen, die bestimmte Rollenbilder vermittelt. Und auch hier ist der Weg das Ziel: Ich kann nicht von einem Moment auf den anderen total unvoreingenommen werden. Es hilft aber, sich die eigenen Gedanken häufig bewusst zu machen. So hinterfrage ich mich immer wieder selbst und ertappe mich dabei, dass ich Frauen und Männer anders bewerte.

Für alle Interessierten Leserinnen, hier auch gleich der Link zum Implicit Association Test von Harvard: https://implicit.harvard.edu/implicit/takeatest.html.

Hier ein kurzer Check für dich zu deiner eigenen Voreingenommenheit bezüglich diverser Punkte, die im Zusammenhang mit dem Thema dieses Buches wichtig sind:

- Was denkst du über eine Frau, die nach vier Monaten Elternzeit/ Karenz wieder eine Führungsposition in Vollzeit übernimmt? Wie ist diese Frau für dich, was sind deine spontanen Gedanken dazu?
- Was denkst du über einen Mann, der vier Monate in Elternzeit/ Karenz geht?
- Was denkst du über einen Mann, der ein Jahr in Elternzeit/Karenz zu Hause bleibt und danach Teilzeit arbeitet?
- Was denkst du über eine Frau, die ein Jahr in Elternzeit zu Hause bleibt und danach Teilzeit arbeitet?

Gibt es Unterschiede bei deinen Gedanken? Also denkst du in den einzelnen Fällen anders über den Mann als über die Frau? – Beachte: Sich dieser Differenzen bewusst zu werden, ist der erste Schritt dahin, sie zu überwinden. Deshalb ist ein Unconscious-Bias-Training sinnvoll.

Dieses Training sollte beim Top-Management starten, um die vielen Vorurteile gegenüber und (un)bewussten Assoziationen bei bestimmten Personengruppen zu reduzieren. Wir sind eben nicht so objektiv, wie wir glauben zu sein.

Besonders oft fällt mir in den Unternehmen, mit denen ich arbeite, auf, wie Mütter ver- und beurteilt werden. Jede:r hat eine Meinung zu einer Top-Managerin. Manchen Personen ist diese Frau zu emotional, anderen zu männlich angezogen und wieder anderen zu stark und angepasst an die Männerwelt. Im Gegensatz zu Männern wird die Kleidung der Frauen diskutiert und die Frisur. Frauen fühlen sich für die Getränke in den Meetings verantwortlich, während Männer sitzen bleiben. Und so geht es scheinbar immer weiter. Wir können uns aber dieses Verhaltens bewusst werden – und es ändern. Steige aus dem Kreislauf aus!

Ohne Zweifel: Das Reduzieren von Vorurteilen und Voreingenommenheit in den Unternehmen ist ein langer, aber wichtiger Weg. Ausgeschlossen, nach nur einem Training am Ziel angekommen zu sein. Nochmals: Der Weg ist das Ziel.

>> Diversität heißt, zur Party eingeladen zu sein.
Inklusion heißt, zum Tanzen aufgefordert zu werden.
Zugehörigkeit heißt, so zu tanzen, als würde niemand zusehen.
Verna Meyers et al.

8.2.3 Führen in Teilzeit – aktuell DIE Maßnahme zum Erfolg

Ein Großteil der Mütter im deutschsprachigen Raum arbeitet Teilzeit. In Deutschland arbeiteten in 2020 66 % der Mütter von minderjährigen Kinder in Teilzeit (Statistisches Bundesamt 2022) und in Österreich waren es 2021 gar 69,9 % (Statistik Austria 2022). Diese vielen Menschen dürfen wir bei den Überlegungen, welche Maßnahmen in den Unternehmen angesagt sind, nicht vergessen. Ich werde in Kap. 10 noch detailliert auf das Thema Teilzeit eingehen. An dieser Stelle sei jedoch erwähnt, dass aktuell die Firmen „Führung in Teilzeit" oder „Job/Topsharing" anbieten MÜSSEN, um mehr Frauen an die Spitze zu bekommen. Es arbeiten einfach zu viele Frauen in Teilzeit und diese ist ein gesellschaftlich anerkanntes Modell für viele Mütter.

An den Vorreiterinnen orientieren

Ich führe immer wieder Gespräche mit Unternehmen zu Frauen in Führungspositionen, Teilzeit und Vereinbarkeit von Familie und Beruf.
Überraschend ist für mich, dass in manchem Betrieb weiterhin die Meinung vertreten wird, Führung in Teilzeit sei nicht möglich – obwohl das nichts anderes als ein Mythos ist. Argumentiert wird meist damit, dass Führungskräfte stets erreichbar sein müssten und eine enorme Flexibilität bei der Arbeitszeit nötig sei.

Doch es gibt auch Gegenbeispiele – und an diesen Vorreiterinnen sollten wir uns orientieren:

- Die Geschäftsführerin eines großen Handelsunternehmens ist für Deutschland, Österreich und die Schweiz zuständig. Sie arbeitet drei Tage in der Woche in Deutschland und zwei Tage in Österreich, hat also eigentlich zwei Teilzeit-Positionen.
- Ich moderierte vor vielen Jahren einen Workshop in einem großen amerikanischen IT-Unternehmen, in dem Teilzeit in Führung und Arbeitszeit-Flexibilität, gepaart mit Homeoffice, schon viele Jahre gelebt wird. Ziel war es, Parameter für eine erfolgreiche Führung in Teilzeit herauszuarbeiten, sodass davon Best Practice abgeleitet werden kann. Am Ende bestätigten alle Teilnehmer:innen, dass Führung in Teilzeit ähnliche Kompetenzen erfordert wie Führungsaufgaben im Allgemeinen. In diesem Unternehmen wurde ein Mindestmaß von 20 h für eine Leitungsfunktion definiert.
- Viele Top-Managerinnen sind sehr selten erreichbar. Dabei macht es doch keinen Unterschied, ob die Person zu Hause bei den Kindern ist, Sport treibt oder in einem anderen Meeting sitzt. Diese Managerin ist in jedem Fall nicht greifbar – egal aus welchen Gründen.

8.2.4 Female Empowerment

Wieso ist es für Mütter attraktiver, zu Hause bei den Kindern die Führungsaufgabe zu übernehmen, als das in Unternehmen zu tun? Diese Frage stelle ich ab und an, wenn ich den Satz höre: „Die Frauen wollen ja keine Führungsposition, weil sie ihren Fokus bei den Kindern haben."

Wir haben es schon angesprochen: Unternehmen sollten an ihren Strukturen und der Unternehmenskultur arbeiten, sodass für Frauen eine Top-Management-Position erstrebenswert ist. Natürlich sollten karriereorientierte Frauen aktuell auf dem Weg nach oben unterstützt werden, da sie mit vielen Vorurteilen und Barrieren konfrontiert werden. Laut Studien ist das Selbstbewusstsein von Frauen geringer als von Männern, vor allem im Alter zwischen 20 und 30 Jahren (Zenger und Folkman 2020).

Ich möchte betonen: Es geht nicht um *„Fix the women"*, nicht um das „Reparieren" von Frauen, sondern um Empowerment, Stärken der weiblichen Fähigkeiten, Entfernen der Hindernisse im eigenen Kopf und dem erfolgreichen Umgang mit den vorhandenen Strukturen.

Netzwerke bringen Frauen voran

Ich kenne viele Unternehmen, die Mentoring-Programme für Frauen anbieten oder auch ein starkes Netzwerk aufgebaut haben. Ein Beispiel möchte ich an dieser Stelle erwähnen. Ein von mir unterstütztes Unternehmen hat ein tolles Netzwerk von Frauen, die sich regelmäßig zum Austausch treffen und Vorträge organisieren. Ich begleite diese diverse Gruppe von tollen Frauen sehr gerne. Meine Aufgabe ist neben der Weiterbildung auch, das Gemeinsame vor das Trennende zu stellen sowie den Fokus nicht auf die Probleme, sondern auf die Lösungen zu lenken. Es soll eine inspirierende und positive Atmosphäre erzeugt werden, sodass die Gleichung lautet: $1+1=3$.

Ich habe sehr gute Erfahrung mit Seminaren, Workshop- und Coaching-Angeboten für Frauen. Alle erfolgreichen Unternehmen bieten das eine oder andere Programm für ihre Mitarbeiterinnen an. Es ist einfach eine große Bereicherung, unter sich zu sein, die weiblichen Herausforderungen im Unternehmen zu besprechen und wertschätzend nach Lösungen zu suchen. Solche Veranstaltungen zeigen den Frauen, dass sie alle mit ähnlichen Problemen konfrontiert sind und quasi im gleichen Boot sitzen.

Viele Unternehmen bieten den zukünftigen Managerinnen Kurse an, wie zum Beispiel:

- Leadership-Programme,
- Your mindset counts,
- erfolgreiche Rückkehr nach der Elternzeit,
- Women Empowerment und
- vieles mehr.

Auch Coaching-Angebote nach der Elternzeit/Karenz, beim Eintritt in die Führungsetage oder bei persönlichen Herausforderungen gibt es zuhauf. So werden Ziele schnell, fokussiert und maßgeschneidert erreicht.

Frauen-Netzwerke mit regelmäßigen Treffen und informellen Veranstaltungen erweisen sich ebenfalls in der Regel als sehr zweckmäßig und hilfreich für die Karriere von Frauen und Müttern in den Unternehmen.

Mentoring-Programme sind ein zusätzliches Highlight für alle weiblichen Leistungsträgerinnen. Role Models im Unternehmen begleiten eine Mentee für einige Monate oder ein Jahr auf ihrem Weg und die beiden treffen sich regelmäßig für einen Austausch – eine Bereicherung für beide Seiten. Typisches Win-win. – WICHTIG: Statt einer Mentorin kann es natürlich auch ein Mentor sein.

8.2.5 Interne Prozesse bei Bewerbungen und Beförderungen

Laut McKinsey & Company (2021) gibt es zwar Fortschritte in den Unternehmen, jedoch immer noch eine große Schwachstelle: Der erste Karriereschritt, der sogenannte *„Broken Rung"*. Laut demselben Report sehen wir seit einigen Jahren den Trend, dass Frauen schon ganz am Anfang benachteiligt werden und dadurch die Pipeline Richtung Aufstieg mit weniger von ihnen gefüllt wird.

Laut einer Studie des Wissenschaftszentrums Berlins (Dorothea Kübler et al. 2017) werden die Lebensläufe von Frauen schlechter beurteilt als die von Männern, obwohl sie identisch sind. Vor allem passiert das in sogenannten männlichen Berufen.

Ich höre in den Unternehmen, dass …

- Frauen bei Beförderungen zurückhaltender sind und sich nicht aktiv bewerben;
- Frauen eher dazu tendieren zu meinen, dass sie alle geforderten Qualifikationen erfüllen müssen, und sich dadurch eher vor einer Bewerbung scheuen;
- Mütter anders beurteilt werden als Väter, da ihnen die Kinderbetreuung zugeschrieben wird;

- es keine kompetenten Frauen gibt, obwohl nach ihnen gesucht wird.
- Und es gibt eine Reihe ähnlicher Aussagen.

Ich kann allen Personalverantwortlichen nur empfehlen, die Prozesse und Strukturen bei Bewerbungen und Beförderungen transparent und offen zu gestalten und auf einen möglichst vorurteilsfreien Prozess zu achten. Stereotype und Vorurteile treffen nicht nur Frauen und Mütter, sondern alle Randgruppen und verhindern diverse Teams.

Ein Tipp: Viele Unternehmen setzen darauf, dass bei internen Beförderungen immer eine gewisse Anzahl von Frauen auf der Liste stehen muss – als Grundbedingung für jeden Prozess. Es darf in diesen Betrieben keine Liste geben, auf der „nur" Männer notiert sind. Für mich eine Strategie, die öfter kopiert werden sollte.

8.2.6 Die Quote – eine umstrittene Maßnahme im Unternehmen

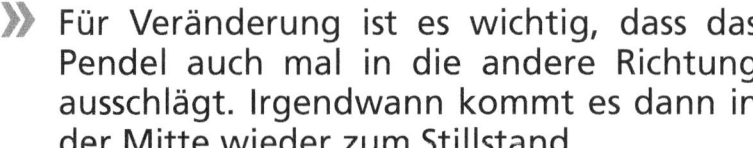 Für Veränderung ist es wichtig, dass das Pendel auch mal in die andere Richtung ausschlägt. Irgendwann kommt es dann in der Mitte wieder zum Stillstand.

Wenige Maßnahmen erhitzen die Gemüter so sehr wie die Quote oder eine verpflichtende Zahl von Frauen im Team. Höchstens die genderneutrale Sprache hat ein ähnliches Potenzial, Emotionen hochkochen zu lassen.

Ich habe es schon gesagt: Ich war früher gegen eine Quote und habe meine Meinung geändert. Der Fortschritt ist einfach zu langsam und der Wille zur Veränderung scheinbar zu klein. Wir sehen in Ländern mit einer Quote, dass diese zu Erfolgen führt. Die verpflichtende Quote bei den Aufsichtsräten in börsennotierten Unternehmen ist ein Beispiel, denn immerhin waren im September 2021 32,9 % aller Mitglieder in diesen Gremien in Deutschland weiblich. In den Vorständen waren es nur 13,4 % – ein deutliches Bild (Allbright Stiftung gGmbH 2021).

Weil es so wichtig ist, möchte ich es an dieser Stelle noch einmal wiederholen: Die Quote ist kein ideales Instrument, aber eine gute Lösung, um die benötigte Veränderung zu beschleunigen. Aus meiner Sicht ist sie inzwischen unerlässlich, wie ich schon betont habe. In den Unternehmen sollten jedoch gleichzeitig begleitende Maßnahmen umgesetzt werden, sodass die verpflichtende Regel gut begleitet wird.

Im Juni 2022 wurde auf europäischer Ebene endlich die Entscheidung getroffen, dass bis 2024 alle börsennotierten Unternehmen in der EU einen Frauenanteil von 40 % aufweisen müssen (Tanja Kewes 2022). Da ist in den nächsten Jahren viel zu tun.

Es gibt also eine Vielzahl an Maßnahmen für die Unternehmen, um Frauen zu fördern. Trage sie auch in dein Unternehmen. Lasse uns gemeinsam beginnen und für Veränderung sorgen. Es ist wirklich wichtig!

Ein Tipp an dieser Stelle: In welchem Bereich im Unternehmen du auch arbeitest, du kannst in deinem Einflussbereich einen Beitrag leisten. Ganz egal, ob Marketing, HR, Finanz oder Vertrieb: Überall ist das möglich. Manchmal mit einem kleinen Schritt, indem neue Maßnahmen vorgeschlagen oder Ungerechtigkeiten aufgezeigt werden. Ab und an auch, indem die Frau nicht die Getränke holt oder für das Einräumen der Spülmaschine zuständig ist. Es könnte auch hilfreich sein, wenn sich ähnlich denkende Frauen im Unternehmen verbünden und ein Netzwerk bilden, um sich gegenseitig zu unterstützen.

》》 **Die besten Reformer, die die Welt je gesehen hat, sind die, die bei sich selbst anfangen.**
George Bernard Shaw

Es herrscht schon großes Bewusstsein in den Unternehmen für die Problematik „Mehr Frauen in Führung" und doch bewegt sich noch zu wenig. Es gibt eine Vielzahl an Möglichkeiten für Maßnahmen, die im Betrieb umgesetzt werden können, doch dafür sind Fokussierung sowie nachhaltige Prozesse und Strukturen nötig. Die wichtigsten Instrumente wurden in diesem Kapitel im Detail vorgestellt.

Literatur

Allbright Stiftung gGmbH. Allbrights Rote Liste (2021). https://static1.
squarespace.com/static/5c7e8528f4755a0bedc3f8f1/t/617aaf6b4fb31f17ff
c7d038/1635430251723/Rote-Liste-Netz-2021_neu.pdf. Zugegriffen: 21.
Juli 2022

Allbright Stiftung gGmbH (2021). Aufbruch oder Alibi? Viele Börsenvorstände erstmals mit einer Frau. https://static1.squarespace.com/static/
5c7e8528f4755a0bedc3f8f1/t/617ab5a77069070631d64
edf/1635431858323/AllBright+Bericht+Herbst+2021_Auf-
bruch+oder+Alibi_.pdf. Zugegriffen: 21. Juli 2022

Georges Desvaux, Sandrine Devillard, Alix de Zelicourt, Cecile Kossoff, Eric
Labaye, and Sandra Sancier-Sultan (2017). Women Matter: Ten years
of insights on gender diversity. Mc Kinsey & Company. https://www.
mckinsey.com/featured-insights/gender-equality/women-matter-ten-years-
of-insights-on-gender-diversity. Zugegriffen: 21. Juli 2022

Jack Zenger, Joseph Folkman (2020). Mehr Mut bei Beförderungen.
Harvard Business Review. https://www.manager-magazin.de/harvard/
fuehrung/frauen-in-fuehrungspositionen-mangelndes-selbstvertrauen-
a-00000000-0002-0001-0000-00016587096. Zugegriffen: 21. Juli 2022

Joan Williams, Sky Mihaylo (2019). How the Best Bosses Interrupt Bias on
Their Teams. Harvard Business Review. https://hbr.org/2019/11/how-the-
best-bosses-interrupt-bias-on-their-teams. Zugegriffen: 21. Juli 2022

Mc Kinsey & Company (2021). Women in the Workplace. https://wiw-report.
s3.amazonaws.com/Women_in_the_Workplace_2021.pdf. Zugegriffen: 21.
Juli 2022

Dorothea Kübler, Julia Schmid, Robert Stüber (April 2017). Be a Man or
Become a Nurse: Comparing Gender Discrimination by Employers across
a Wide Variety of Professions. Wissenschaftszentrum Berlin für Sozialforschung. https://bibliothek.wzb.eu/pdf/2017/ii17-201.pdf. Zugegriffen:
21. Juli 2022

Statistik Austria (2022). Familie und Erwerbstätigkeit. https://www.statistik.
at/statistiken/arbeitsmarkt/erwerbstaetigkeit/familie-und-erwerbstaetigkeit.
Zugegriffen: 21. Juli 2022

Statistisches Bundesamt (2022). 66 % der erwerbstätigen Mütter arbeiten Teilzeit, aber nur 7 % der Väter. https://www.destatis.de/DE/Presse/Pressemitteilungen/2022/03/PD22_N012_12.html. Zugegriffen: 21. Juli 2022

Sundiatu Dixon-Fyle, Kevin Dolan, Vivian Hunt, Sara Prince (2020). Diversity wins: How inclusion matters. McKinsey & Company. https://www.mckinsey.com/featured-insights/diversity-and-inclusion/diversity-wins-how-inclusion-matters. Zugegriffen: 21. Juli 2022

Tanja Kewes (2022). Die neue EU-Frauenquote trifft viele deutsche Firmen an einer empfindlichen Stelle. Handelsblatt. https://amp2-handelsblatt-com.cdn.ampproject.org/c/s/amp2.handelsblatt.com/unternehmen/management/gleichberechtigung-die-neue-eu-frauenquote-trifft-die-deutsche-wirtschaft-empfindlich/28408602.html. Zugegriffen: 21. Juli 2022

9

Professionelles Elternzeit-Management als Win-win für alle

>> Die Kunst des Ausruhens ist ein Teil der Kunst des Arbeitens.
John Steinbeck

Nach wie vor sind Elternzeit und der zeitweise berufliche Ausstieg DIE Karrierekiller für Frauen in vielen Unternehmen. Es gibt Vorurteile gegenüber Bewerberinnen, Nachteile bei den Beförderungen von Müttern und die berufliche Auszeit für die Kinderbetreuung wird als „verlorene Zeit" gesehen.

In diesem Kapitel möchte ich gerne den Prozess von der Schwangerschaft über die Elternzeit bis hin zum beruflichen Wiedereinstieg analysieren – und sowohl den Unternehmen Tools an die Hand geben als auch wichtige Schritte für Mütter in dieser Lebensphase teilen.

Die großen Vorteile für Unternehmen, die diesen Prozess des beruflichen Ausstiegs und der Rückkehr gut managen, liegen auf der Hand. Mütter gehören zu den loyalsten Mitarbeiterinnen, wenn der Prozess intelligent geleitet wird und den Frauen gute Stellen angeboten werden.

© Der/die Autor(en), exklusiv lizenziert an Springer-Verlag GmbH, DE, ein Teil von Springer Nature 2023
M. Wölfl, *Kind und Karriere – es geht beides!*,
https://doi.org/10.1007/978-3-662-66087-4_9

Studien belegen die positiven Auswirkungen und die große Bedeutung von familienfreundlichen Maßnahmen bei der Auswahl des Arbeitgebers (Dr. Peter Hajek, Dr. Theresa Kernecker 2019). Die Mütter (übrigens auch die Väter) sollten während der beruflichen Auszeit den Kontakt mit dem Unternehmen halten – und mit einem Mindset, das vor allem Selbstbewusstsein beinhaltet, zurückkommen.

Aus dem Alltag

Susanne erfährt, dass sie schwanger ist, und die Freude in der Familie ist groß – natürlich. Ihr Partner Tim und sie selbst jubeln. Einige Tage später tauchen jedoch bei Susanne Zweifel auf und ein Gedankenkarussell beginnt: „Wie und wann sage ich es meinem Arbeitgeber?" Es ist, so meint sie nun, ein denkbar schlechter Zeitpunkt für ein Kind, da in neun Monaten ein neues Projekt an den Start gehen soll und Susanne zu diesem Zeitpunkt schon nicht mehr im Unternehmen sein wird. „Wer soll meine Arbeit übernehmen? Mein Chef wird sicher nicht begeistert sein!", denkt sie.

Irgendwann während des wöchentlichen Abstimmungsmeetings fasst sich Susanne ein Herz und berichtet ihrem Vorgesetzten von ihrer Schwangerschaft. Es folgen ein entsetzter Blick ihres Chefs und der Kommentar: „Das kannst du mir nicht antun!" Susanne geht heulend zurück auf ihren Platz und wird von ihren Kolleg:innen getröstet.

In den nächsten Monaten fühlt sich Susanne wie eine Außerirdische. Viele Menschen schauen nur mehr auf ihren Bauch, sie wird als Schwangere wahrgenommen und nicht mehr als Arbeitskraft gesehen. Kommentare wie „Du bist ja schwanger und bald weg!" oder „Bekomm du mal dein Kind, dann sehen wir weiter!" häufen sich. Sie würde aber gerne weiterhin als „normale" Mitarbeiterin betrachtet und auch so behandelt werden.

Am letzten Tag vor dem Beginn des Mutterschutzes hat Susanne ein mulmiges Gefühl im Bauch. Einerseits freut sie sich natürlich sehr auf diese neue Phase in ihrem Leben, der Abschied vom Unternehmen fällt ihr jedoch schwer. Ihr Chef ist an diesem Tag nicht im Büro und verabschiedet sich per E-Mail von ihr. Susanne wird sich mit ihrem Partner die Elternzeit partnerschaftlich aufteilen und hört sowohl von ihren Kolleg:innen als auch von ihrem privaten Umfeld viele negative Kommentare wie „Das erste Jahr deines Kindes willst du dir wirklich entgehen lassen?" oder „Wieso bekommst du ein Kind, wenn du nach sechs Monaten schon wieder arbeitest?" Auch ihr Partner wird vom gesamten Freundeskreis und der Familie schief angesehen. Er hört Aussprüche wie: „Na, da kannst du deine Karriere ja vergessen!" oder „Du kannst in deinem Job sechs Monate fehlen? Du bist doch eben erst befördert worden!"

Der Vorgesetzte von Susanne scheint ihrem Vorhaben, bald zurückzukommen, nicht zu trauen und sagt ihr immer wieder: „Meine Frau wollte das Kind auch nicht hergeben und war zwei Jahre zu Hause. Da entscheiden bei den Frauen die Hormone und die Arbeit ist nicht mehr so wichtig!"

Zwei Monate vor der beruflichen Rückkehr nimmt Susanne Kontakt mit dem Unternehmen auf, um die Rahmenbedingungen für ihren Wiedereintritt zu klären. Sie schreibt einige E-Mails an die Personalabteilung, erhält aber keine Antworten. Ihr Vorgesetzter schickt ihr einen Einzeiler: „Bitte kommen Sie am ersten Arbeitstag zu mir ins Büro und wir finden eine Lösung."

Nächtelang grübelt Susanne über diese Nachricht und macht sich Sorgen. Was bedeutet das? Welche Lösung muss gefunden werden? Es war doch vereinbart, dass sie wieder in ihre „alte" Stelle zurückkehrt und in den nächsten sechs Monaten an den Projekten weiterarbeitet.

Zum selben Zeitpunkt beschäftigt sich der Partner von Susanne mit anderen Themen. Tim wird bald für sechs Monate in Elternzeit gehen und fühlt sich nicht sehr wohl in seiner Rolle. Seine Partnerin hat sich so gut um das Kind gekümmert, wird er das ALLES auch unter einen Hut bekommen? Er zweifelt an sich und fühlt sich überfordert. In seinem Unternehmen hat man schon angekündigt, dass es schlecht mit der nächsten Gehaltserhöhung und der Beförderung aussieht. Es scheint am fehlenden Einsatz und Engagement zu liegen, da er ja beabsichtigt, einfach ein halbes Jahr nicht da zu sein. „Das ist dann ganz schwierig für den nächsten Karriereschritt, wenn wir uns nicht auf Sie verlassen können!" Dieser Satz eines Vorgesetzten hat gesessen und ist nun in Tims Hirn fast wie eingraviert.

Die nächsten Wochen verfliegen schnell und an ihrem ersten Arbeitstag betritt Susanne mit einem mulmigen Gefühl das Bürogebäude. Sie macht sich große Sorgen, da sie mehr als ein halbes Jahr gefehlt und womöglich viel vergessen hat. Mit gesenktem Kopf und gefühlt wie eine kleine Maus betritt sie das Büro und trifft erstmals wieder ihre Kolleg:innen. Da gibt es erst einmal ein großes Hallo, denn keiner hat gewusst, dass Susanne heute „schon wieder" da sein wird. „Ach, du bist so schnell wieder hier, wer passt denn auf das Kind auf?" „Mit dir haben wir ja so rasch nicht gerechnet!" Alle Gespräche drehen sich um die Tochter von Susanne. In ihr meldet sich das schlechte Gewissen wegen der eher „kurzen" Elternzeit. Vielleicht haben die Kolleg:innen ja doch recht und ihr Kind wird langfristig psychische Probleme haben, da es nicht von der Mutter betreut wird.

Susanne wird jedoch schnell aus ihren negativen Gedanken gerissen, da die Kolleg:innen natürlich Fotos und Berichte von der Kleinen sehen wollen. „Soooo süß!"

Kurz darauf unterbricht jedoch ihr Chef die netten Gespräche und bittet Susanne in den Meetingraum, in dem schon der verantwortliche Ansprechpartner von der Personalabteilung wartet. Beim Verabschieden von den Kolleg:innen spürt Susanne die komischen Blicke der anderen und weiß sofort, dass hier irgendetwas nicht stimmt.

Ihr Chef und der Personalverantwortliche teilen Susanne mit, dass sie nun eine andere Aufgabe übernehmen solle. Das sei aus der Sicht des Unternehmens verantwortungsvolles Handeln, da Susanne jetzt den Fokus bei der Familie habe und nicht mehr so flexibel sei. Susanne ist total perplex und versteht die Welt nicht mehr. Schweren Herzens winkt sie ihren alten Kolleg:innen wie zum Abschied. Im Gespräch mit der neuen Vorgesetzten wird Susanne gesagt, dass sie fixe Arbeitszeiten habe mit Arbeitsbeginn um 8:30 Uhr. In der Abteilung sei, so weit wie möglich, Anwesenheit im Büro verpflichtend, weil das als wichtig empfunden werde.

An ihrem ersten Arbeitstag nach ihrer Babypause verlässt Susanne heulend das Bürogebäude …

Solche und viele ähnliche Geschichten kenne ich von vielen Frauen. Fehlende Wertschätzung, keine klaren Strukturen und Verantwortlichkeiten sowie wenig Empathie für die Lebensphase der Mitarbeiterin. Keine Flexibilität bei der Arbeitszeit und beim Arbeitsort sind zusätzliche Hindernisse, die vor allem Frauen betreffen.

Und dabei wären da so viele Möglichkeiten, die Dinge anders zu gestalten. So viele Potenziale, die man ausschöpfen sollte, weil das allen, auch den Unternehmen, nutzen würde.

9.1 Familienfreundliche Maßnahmen haben positive betriebswirtschaftliche Effekte

Mit der zunehmenden Digitalisierung hat die Vereinbarkeit von Familie und Beruf sich verändert. Weil wir früher meist im Büro arbeiteten, war eine klare Trennung von Berufs- und Privatleben möglich. Nun sitzen wir mit dem Laptop und Smartphone auch arbeitend zu Hause. Die einst klare Trennlinie gibt es nicht mehr, da Büroarbeit von überall ausgeführt werden kann.

Mit Corona kam ein weiterer Schub und es gab zeitweise für viele überhaupt keine Trennung zwischen Privat- und Berufsleben mehr. Bei manchen ist das so geblieben: Sie arbeiten in der eignen Wohnung, im Café oder auch im Büro. Zudem hat der Ausbau der Kinderbetreuung mehr Flexibilität bei der Arbeitszeit gebracht.

Unternehmen werden sich aus meiner Sicht diesen neuen externen Gegebenheiten stellen (müssen). Die gute Nachricht aus betriebswirtschaftlicher Sicht: Familienfreundliche Maßnahmen rechnen sich, denn Unternehmen mit familienfreundlichen Maßnahmen haben im Vergleich zum Durchschnitt …

- 52 % mehr Bewerbungen pro Stelle,
- eine um 80 % gesteigerte Mitarbeiterinnenbindung,
- ein um 76 % verbessertes Images,
- eine um 24 % höhere Motivation der Mitarbeiter:innen und
- einen um 78 % verbesserten Wiedereinstieg nach der Karenz.

Und noch eine Zahl: 95 % der Beschäftigten in Österreich erachten die Vereinbarkeit von Familie und Beruf bei der Jobauswahl als wichtig bis sehr wichtig (Hajek und Kernecker 2019).

Die Positionierung als familienfreundliche:r Arbeitgeber:in und die Umsetzung entsprechender Maßnahmen hat viele positive Effekte – sowohl für zukünftige und bestehende Mitarbeiter:innen als auch für das Unternehmen. Es lohnt sich also, Zeit und Geld in diese Maßnahmen zu investieren und sich das Gütesiegel als familienfreundliches Unternehmen zu holen.

9.2 Der Prozess des professionellen Elternzeit-Managements

Als Auftakt empfehle ich allen Unternehmen, den Prozess in vier Schritte zu unterteilen. Darauf aufbauend sollten die nötigen Strukturen etabliert und Maßnahmen festgelegt werden (siehe Abb. 9.1). Es geht um:

- Bewusstseinsbildung für ALLE und für potenzielle Eltern
- Schwangerschaft und Meldung der Elternzeit
- Elternzeit/Karenz: Kontakt halten
- Beruflicher Wiedereinstieg

Abb. 9.1 Professionelles Elternzeit-Management. (© Maren Wölfl 2022. All Rights Reserved)

Es ist wichtig, beim Prozess an Väter UND Mütter zu denken und die Strukturen so zu gestalten, dass es für beide in Ordnung ist. Das meiste betrifft eben die Frauen und die Männer – mit Ausnahme der Schwangerschaft natürlich.

9.2.1 Bewusstseinsbildung für ALLE und für potenzielle Eltern

Eltern brauchen ein Umfeld, in dem viele verschiedene Lebensphasen abgedeckt werden können und Vorurteile gegenüber anderen Lebenskonzepten so weit wie möglich abgebaut sind. Im Einflussbereich von Unternehmen liegt es, eine Basis dafür zu schaffen, dass sich alle Mitarbeiter:innen frei entscheiden können, wie sie wann arbeiten wollen – egal, welche sexuelle Orientierung sie haben, ob sie alleinstehend sind oder in einer Partnerschaft leben, ob sie Marathonläufer:in oder Student:in mit 45 sind, ob sie Kinder haben oder nicht. Diverse Teams und Denkweisen sind das Ziel. Hierfür braucht man passende Rahmenbedingungen, Strukturen und Prozesse – und dafür sind die Unternehmen zuständig!

Eltern sehen sich immer noch mit sehr vielen, oft unbewussten Vorurteilen konfrontiert, wenn sie nicht das klassische Modell Frau und Teilzeit sowie Mann und Karriere umsetzen. Für Frauen ist es in den Köpfen vieler weiterhin „vorgesehen", dass sie ein bis zwei Jahre zu Hause bleiben und danach für vielleicht 20 h in der Woche an den Arbeitsplatz zurückkehren. Aus gesellschaftlicher Sicht ist es für Männer erwünscht beziehungsweise „gestattet", zwei Monate Elternzeit zu beanspruchen. Danach sollten sie wieder in Vollzeit (an der Karriere) arbeiten und der Hauptverdiener sein.

Abbau der unbewussten Voreingenommenheit
Ich kann an dieser Stelle nur jedem einen Workshop mit Test der unbewussten Voreingenommenheit empfehlen (unconscious bias), von dem ich schon erzählt habe. Erfahrungsgemäß ist dies ein MUSS für alle Führungskräfte und vor allem auch für das Top-Management eines Unternehmens.

Informationen zu familienfreundlichen Maßnahmen
Normalerweise gibt es in vielen Unternehmen familienfreundliche Maßnahmen, die jedoch den Mitarbeiterinnen nicht als Paket vorgestellt werden. Aus diesem Grund wissen viele gar nichts davon. Frei

nach dem Motto „Tue Gutes und rede darüber" empfehle ich daher die vermehrte Kommunikation und eine starke Fokussierung auf das Thema. Ich sage den Unternehmen, die ich betreue, immer: „Starten Sie den Prozess mit dem Sammeln aller Angebote und dem Bekanntmachen der familienfreundlichen Maßnahmen über eine Plattform. Mitarbeiterinnen sollen im Anlassfall wissen, an welche Stelle sie sich wenden können oder wo sie die relevanten Informationen finden.

Role Models präsentieren
In diesem Buch gebe ich viel von dem weiter, was ich tagtäglich in den Unternehmen, mit denen ich arbeite, höre. Dazu gehören auch solche Aussagen:

* „Diese Person an der Spitze ist kein Vorbild für mich."
* „Ich glaube nicht, dass ein Mann bei uns schon mal in Elternzeit war."
* „Die Frauen kommen doch alle in Teilzeit zurück und haben keine Karriere-Ambitionen mehr."

Gerüchte und Vorurteile halten sich in den Unternehmen oft beharrlich. Nicht zu Unrecht höre ich immer wieder: „Wenn du möchtest, dass das gesamte Unternehmen Bescheid weiß, dann streue ein Gerücht." Um dem entgegenzuwirken, setzen viele Unternehmen auf positives Storytelling und präsentieren Vorbilder. Der Blickwinkel und die Wahrnehmung der Mitarbeiter:innen werden geändert, indem Menschen mit ihren verschiedenen Lebensrealitäten beleuchtet werden und man die vielen Möglichkeiten im Unternehmen aufzeigt. Einige Beispiele:

* Eine Frau mit Kind(ern) in einer Führungsposition gibt ihre Tipps an Jüngere weiter.
* Ein Vater in Teilzeit oder einjähriger Elternzeit erzählt von seinen Erfahrungen.
* Eine Managerin, die für einen Marathon trainiert, berichtet von dieser Erfahrung und dem Nutzen für das Unternehmen.

- Die Leiterin der Abteilung Human Resources, die ein Sabbatical gemacht hat, kommt voller Motivation und Energie wieder zurück – und spricht darüber.

Indem solche Erfahrungen transportiert werden, fördert man eine positive Einstellung gegenüber Diversität und vor allem auch Flexibilität in den Unternehmen. Betriebe beweisen damit, dass viele unterschiedliche Lebenskonzepte möglich sind. Und dann heißt es für die Mitarbeiterinnen nur noch: Einfach machen!

Workshops und Veranstaltungen
Im Rahmen von Employer Branding und Employer Experience legen viele Unternehmen den Fokus auf Workshops und Veranstaltungen zur Bewusstseinsbildung. Zielgruppe sind potenzielle zukünftige Eltern, die das Unternehmen gerne halten möchte. Diese jungen Menschen sollen das Gefühl bekommen, dass Eltern mit Kindern geschätzt werden sowie Familie und Beruf vereinbar sind. Ein Zusatznutzen für alle Mitarbeiter:innen ist die Aufmerksamkeit für die traditionellen Rollenbilder und die notwendige Änderung der Einstellungen der Gesellschaft.

Einige mögliche Workshopthemen sind:
- *Eine Reise durch Europa – Diversität, Elternschaft und Teilzeit in anderen Kulturen*
  Nutzen: Fokus auf andere Länder. Offenheit und Flexibilität der Denkmuster zeigen sowie Hinterfragen des vorherrschenden Modells im deutschsprachigen Raum.
- *Parenting is like Leadership*
  Nutzen: Eltern eignen sich viele Kompetenzen an und sind wertvolle Mitarbeiterinnen mit Fähigkeiten, die wir in der Arbeitswelt dringend benötigen (siehe auch Kap. 4).
- *Glaube nicht alles, was du denkst*
  Nutzen: Hinterfragen der eigenen unbewussten Voreingenommenheit (unconscious bias) und Vorurteile sowie Förderung von mehr Offenheit und Toleranz.

• *Questions & Answers mit Top-Manager:innen, die Eltern sind*
Nutzen: Dialog auf Augenhöhe mit den Führungskräften und Erfahrungsaustausch.

Best Practice einmal anders gedacht

In vielen Unternehmen verlassen fast nur Frauen ihren Arbeitsplatz, um Elternzeit zu nehmen beziehungsweise in Karenz zu gehen und danach für eine Teilzeit-Beschäftigung zurückzukehren. Diese Fehlzeiten und die darauffolgende Stundenreduktion werden immer noch als Störfaktoren gesehen. Ein Hebel, um das zu ändern, ist natürlich, dass mehr Männer Elternzeit nehmen und dann auch eine gewisse Zeit fehlen. Eine andere Möglichkeit ist das Angebot eines Sabbaticals für alle Mitarbeiterinnen. Ein großes österreichisches Handelsunternehmen hat Letzteres umgesetzt. Wer bereits mindestens fünf Jahre im Betrieb ist, kann eine Auszeit von bis zu drei Monaten nehmen. Das Top-Management und die Geschäftsführerin haben dies schon in Anspruch genommen und sind damit ihrer Vorbildfunktion gerecht geworden. Der Nutzen liegt auf der Hand: Alle Mitarbeiterinnen sind besser als anderswo in der Lage, ihre Lebenszeit nach ihren Ansprüchen und Wünschen zu gestalten und zu nutzen. UND das Unternehmen mit allen seinen Abteilungen, Führungskräften und Angestellten lernt Flexibilität. Es gibt dort immer Menschen, die kommen, und Menschen, die gehen – und dies sind nicht mehr fast ausschließlich die Frauen.

9.2.2 Beginn der Schwangerschaft und Elternzeit

Ab der Meldung der Schwangerschaft oder der Elternzeit beginnt ein Prozess, bei dem einige rechtliche Regelungen beachtet werden müssen. Weil die entsprechenden Gesetze in Deutschland, Österreich und der Schweiz verschieden sind, möchte ich hier nicht näher darauf eingehen. Was aber überall gleich ist: Aus Unternehmenssicht sollte das wertschätzende Verhalten der Führungskräfte gegenüber den Eltern im Vordergrund stehen. Dafür ist eine Unternehmenskultur nötig, die Offenheit und Toleranz fördert. Mütter und Väter sollten keine Hemmungen haben, ihre Entscheidungen mitzuteilen.

Einige wichtige Tools in diesem Zusammenhang:

1. Leitfaden für Führungskräfte und Mitarbeiter:innen mit rechtlichen Rahmenbedingungen und wichtigen Schritten

Es ist für alle Beteiligten sehr wertvoll, in dieser Phase auf einen Leitfaden oder Checklisten zurückgreifen zu können, die alle notwendigen Schritte auflisten. So fühlen sie sich quasi an die Hand genommen und wissen, wann was zu tun ist.

Führungskräfte sollten sich ins Bewusstsein rufen, dass eine Schwangerschaft keine Krankheit ist, und sie sollten eventuell vorhandene eigene Vorurteile abbauen. So bedeutet etwa Elternzeit nicht, dass die oder der Betreffende seine Karriere deshalb hintanstellt.

Eine tolle Frau hat mir mal folgende Geschichte erzählt:

„Ich habe auf die 14. Schwangerschaftswoche gewartet, bis ich meiner Vorgesetzten erzählt oder vielmehr gebeichtet habe, ein Kind zu bekommen. Ich war voller Vorfreude, endlich schwanger zu sein, machte mir aber auch Sorgen um meine Stelle und den Fortschritt meiner Projekte während meiner Auszeit. Der erste Satz meiner Chefin war: ‚Das kannst du mir nicht antun! Wer soll nur deine Arbeit machen?‘"

Erinnert dich das an die Geschichte von Susanne, die ich in diesem Kapitel schon erzählt habe? Viele Führungskräfte haben bei der Meldung einer Schwangerschaft sofort die negativen Konsequenzen für das Team und die Projekte im Blick, während sie völlig das Positive vergessen, nämlich die Freude der Mitarbeiterin darüber, Nachwuchs zu bekommen. Aus diesem Grund bitte ich bei meiner Arbeit mit Unternehmen darum, einer schwangeren Mitarbeiterin folgende oder ähnliche Sätze zu sagen. Sie nehmen dieser die Angst, vielleicht einfach dauerhaft ausgetauscht zu werden, und schaffen eine gute Stimmung:

„Gratuliere, das ist doch schön für dich. Freut mich. Ich hoffe, es geht dir und deinem ungeborenen Kind gut? Wie du weißt, leistest du großartige Arbeit, und wir werden dich sehr vermissen. Aber wir haben ja noch ein bisschen Zeit. Lass uns in den nächsten Wochen eine Übergangslösung suchen, sodass wir dich gut ersetzen können und deine Projekte fortgeführt werden können, bis du wieder bei uns bist."

Du siehst: Es wäre so einfach, die Frau und zukünftige Mutter gut abzuholen. Diese Art der Kommunikation könnte ein Bestandteil des Leitfadens und der Checkliste sein. Beides sollte unbedingt auch die Realitäten der werdenden Väter abdecken, deren Frauen schwanger sind und die eventuell auch über eine berufliche Auszeit nachdenken. Viele von ihnen haben ebenso wie die Mütter Angst vor beruflichen Nachteilen, sollten sie in Elternzeit gehen. Dieser Sorge können die Unternehmen gezielt entgegentreten, indem sie den Männern aufzeigen, dass „Vatermonate" ihre Karriere nicht bremsen werden.

2. Standardisiertes Leave-Gespräch mit den Eltern

Im Leitfaden sollte neben den unternehmensinternen Prozessen und Abläufen auch das Leave-Gespräch abgebildet werden. Diese standardisierte Unterhaltung mit den Eltern vor Antritt der Elternzeit empfehle ich allen Unternehmen. Sie findet idealerweise mit der Führungskraft und der Personalabteilung statt, sodass ein Konsens über das Vorgehen mit den entscheidenden Personen gefunden werden kann. Ein Gesprächsleitfaden sorgt für klare Vorgaben und könnte zum Beispiel Folgendes beinhalten:

- Zeitpunkt der Rückkehr nach der Elternzeit
- Aufzeigen der Möglichkeiten für den Karriereplan
- Aufzeigen der möglichen Flexibilität für Eltern
- Organisation der Kommunikation mit den Eltern während ihrer Abwesenheit
- Einladung der Eltern zu allen Firmenevents
- Bewusstsein für die Auswirkungen des traditionellen Rollenbildes

Es sollte ein wertschätzendes Gespräch sein, in dessen Rahmen sich alle Beteiligten über die wesentlichen Schritte der folgenden Wochen und Monate abstimmen. Ganz zentral ist es, die vielen Optionen zu kommunizieren, die Mütter und Väter beim Wiedereintritt nach der Geburt ihres Kindes und dem Ablauf der Elternzeit haben.

3. Abschiedsgeschenk für werdende Mutter und Väter

An ihrem beziehungsweise seinem letzten Arbeitstag übergibt das Unternehmen der werdenden Mutter beziehungsweise dem werdenden

Vater ein Geschenk. – Schön, aber nur ein Traum? Nein, keineswegs. Hier ein Beispiel einer Firma, die genau das macht und es mir einmal so erläutert hat:

„Wir haben einen hochwertigen Baby-Rucksack mit kleinem Unternehmenslogo produzieren lassen, in den wir eine Erstausstattung für die Eltern einpacken. Der Fantasie sind dabei natürlich keine Grenzen gesetzt: Windeln für Neugeborene, Socken, Body, Babyrassel, Stofftier, Körperlotion für Babys und Schokolade für die Eltern. Selbstverständlich ist auch eine Abschiedskarte der Abteilung mit den Unterschriften der Kolleg:innen dabei."

Ich persönlich finde diese Idee hervorragend. Sie drückt große Wertschätzung für das wichtige Ereignis der Geburt eines Kindes aus. Und wohl kaum eine Mitarbeiterin, kaum ein Mitarbeiter, die beziehungsweise der so beschenkt wird, wird das Unternehmen während der Elternzeit vergessen! Dieses Buch könnte in Zukunft auch in diesem Rucksack Platz finden :-)

9.2.3 Elternzeit/Karenz: Kontakt halten

Ich rate sowohl den Unternehmen als auch der Mutter beziehungsweise dem Vater, während der beruflichen Auszeit den Kontakt zu halten. Es ist in beiderseitigem Interesse, dass sich Mitarbeiter:innen in Elternzeit immer wieder im Betrieb zeigen, Kolleg:innen besuchen und zu Firmenveranstaltungen eingeladen werden. Dadurch werden sie nicht vergessen, sondern bleiben sichtbar für ihre Teams und die Führungskräfte. In unserer schnelllebigen Zeit ist das besonders relevant, denn so bekommen die Mütter und Väter die entscheidenden Veränderungen mit, bleiben also auf dem Laufenden. Das Unternehmen profitiert von Loyalität, die Mitarbeiter:innen-Bindung wird erhöht.

Viele Unternehmen haben ein strukturiertes Stay-in-contact-Programm für Mütter und Väter in Elternzeit, sodass die damit verbundenen Maßnahmen sowohl für Eltern als auch für deren Führungskräfte transparent sind. Besonders hilfreich zum Halten des Kontaktes ist das Lesen der Firmen-E-Mails. Daher rate ich den Unternehmen, die E-Mail-Adressen der Mitarbeiter:innen, die eine Auszeit für die Kinderbetreuung genommen haben, aktiv zu halten. So hat das Unternehmen die Gewissheit, dass die wichtige unternehmensinterne

Kommunikation auch bei allen ankommt, und die Mitarbeiterinnen erkennen den Vorteil, dass sie informiert bleiben, also alles über Änderungen und Aktivitäten erfahren.

Ein weiterer wichtiger Schritt ist ein strukturiertes Gespräch mit der Personalabteilung und der Führungskraft drei Monate vor dem beruflichen Wiedereinstieg. In diesem sollten Wünsche und Erwartungshaltungen abgeglichen und erste Schritte für zukünftige Aufgaben und Verantwortlichkeiten geplant werden.

Best Practice von Elisabeth

„Ich freute mich nach zwei Monaten Babyzeit so sehr auf die Weihnachtsfeier im Unternehmen. Endlich konnte ich mal wieder ausgehen, mit den Kolleginnen schön essen und ein gutes Glas Wein trinken. Natürlich erfuhr ich auch viel über die Veränderungen im Unternehmen und darüber, wie es mit meinen Projekten voranging. Seit Beginn meiner Elternzeit hatte ich mindestens einmal pro Woche die Firmen-E-Mails gelesen und war so bestens über die Neuigkeiten im Unternehmen informiert (und manchmal auch verwundert ;-). Besonders gefreut hatten mich anfangs natürlich die Karten und die Blumen gleich nach der Geburt.

Sehr wertvoll waren das Gespräch mit meiner Führungskraft drei Monate vor dem beruflichen Wiedereintritt und das Coaching-Angebot ,Kind UND Karriere'. Bei diesem Coaching lernte ich wirklich viel über meine eigenen Denkblockaden und ich erfuhr, wie ich mit Leichtigkeit Vorurteile oder ,externe' Barrieren umgehen oder überspringen kann. So war ich richtig motiviert und gut vorbereitet für die berufliche Rückkehr. Ich hatte ein gutes Gewissen, wusste ich doch, dass ich Kind UND Karriere unter einen Hut bringen würde."

Ich habe schon in vielen Unternehmen gearbeitet, wo ich Teil des professionellen Coaching-Programms für Frauen war. Es ist meiner Erfahrung nach immer erfolgreich und hilfreich für die Leistungsträgerinnen. Eine Firma etwa bietet Workshop-Pakete für Frauen an. Die Sessions beginnen am Ende der Elternzeit und haben folgende Lerneinheiten:

1. Planen der Karriere mit Kind
2. Mentaltraining zum Hinterfragen hinderlicher und zur Definition positiver Muster

3. Selbstfürsorge (im Spagat zwischen Höchstleistung und Regeneration)
4. Die besten 5 Erfolgsfaktoren für Kind UND Karriere
5. Umgang mit Selbstzweifeln
6. Eigene Vorurteile und Lernen von den anderen

9.2.4 Beruflicher Wiedereinstieg nach der Elternzeit/ Karenz

Fünf Tipps für den beruflichen Wiedereinstieg

Ich werde immer wieder nach meinen fünf Top-Tipps für die Rückkehr nach der Elternzeit gefragt. Und hier sind sie:

1. Arbeite bewusst an deinem guten Gewissen (Kind UND Karriere sind vereinbar)!
2. Hinterfrage und reflektiere eigene mentale Barrieren!
3. Sei selbstbewusst und glaube an dich und deine Fähigkeiten!
4. Gehe gelassen und entspannt mit negativen Kommentaren und Vorurteilen um!
5. Suche dir Unterstützung und baue dir ein Netzwerk auf!

Die letzte Phase im Prozess „Elternschaft und Karriere", die Phase nach dem beruflichen Wiedereinstieg, ist besonders lang. Genau genommen dauert sie so lange, bis die Kinder aus dem Haus sind. Die Betreuungspflichten ändern sich zwar, Teenager benötigen etwa eine andere Aufmerksamkeit als Kleinkinder, aber Eltern bleiben Eltern. Aus Unternehmenssicht gilt es, ihre Kompetenzen wertzuschätzen, sie mit Coaching und Lernangeboten zu unterstützen sowie flexibel auf ihre Bedürfnisse einzugehen. Dazu zwei Tipps:

1. **Karrieregespräch mit Eltern bei Rückkehr mit Personalverantwortlicher beziehungsweise Personalverantwortlichem und Führungskraft**

Sollte dieses Gespräch nicht schon vor dem Wiedereinstieg stattgefunden haben, so empfehle ich, es spätestens einige Monate danach anzubieten. Es verbindet Update und Check-in. Ideal wäre es natürlich, wenn es beide Termine gibt, also je ein Gespräch vor und eines einige Zeit nach der Rückkehr in den Job.

2. Coaching-Angebot für „weibliche Potenziale" oder Leistungsträgerinnen

Ein vielversprechendes Tool für Unternehmen sind in jedem Fall Coaching-Angebote für weibliche „Potenziale" zur Förderung der Karriere – zur Fokussierung auf das, was kurz nach der Elternzeit wichtig ist, und zum Aufzeigen der verschiedenen Wege bei der Verbindung von Muttersein und Beruf.

 Wer etwas will, sucht Wege. Wer etwas nicht will, sucht Gründe!

Harald Kostial

Coaching als Tool, um Ziele zu erreichen

Nach dem Wiedereinstieg arbeitet Franziska 30 h und ist zu Hause fast zu 100 % für das Kind und den Haushalt zuständig. Sie fühlt sich hin- und hergerissen. Da sind die hohen beruflichen Anforderungen und ihre ebenso hohen Erwartungen an sich selbst. Und da sind die Ansprüche ihrer Familie. Jeder Tag ist voll mit Terminen und wichtigen To-do's. Franziskas Mitarbeiter:innen verlangen ständig, dass sie Entscheidungen trifft. Sie ist vor kurzem befördert worden und nun die Leiterin eines kleinen Teams mit sechs Personen. Franziska hat den Anspruch, sich gut um diese Mitarbeiter:innen zu kümmern, und übernimmt viel Verantwortung, oft auch zu viel.

Franziska ist die einzige Frau unter den Führungskräften und passt sich immer mehr der männlichen Welt an – sie sieht sonst keine andere Möglichkeit, zu Wort zu kommen und sich durchzusetzen. Meetings erscheinen ihr endlos und die vielen persönlichen Befindlichkeiten der Kolleg:innen regen sie auf. Zu Hause kämpft Franziska mit ihren Selbstzweifeln, sie kann sich schwer abgrenzen und NEIN sagen.

Im Coaching werden folgende Themen bearbeitet:
- Förderliche und hinderliche Muster in Franziskas Denken und Verhalten
- Bewusstsein für ein persönliches Modell von Kind UND Karriere
- Mentaltraining für Vertrauen in sich selbst und die eigenen Fähigkeiten
- Grenzen setzen und Nein sagen
- Verhalten als einzige Frau im Team
- Selbstfürsorge als wichtiges Tool

Zum Abschluss dieses Kapitels zum Elternzeit-Management möchte ich noch drei Aspekte beleuchten, die damit zusammenhängen und mir besonders wichtig erscheinen:

Führung in Teilzeit als der Treiber von weiblichen Karrieren
Wir haben das Thema Führung in Teilzeit bereits angesprochen. Es hat natürlich eine besondere Relevanz beim Wiedereinstieg nach der Elternzeit. Laut aktuellen Studien ist das Angebot einer Führungsposition in Teilzeit ein wichtiger Baustein für die Förderung von Frauenkarrieren. Auch wenn die hohe Teilzeitquote von Frauen im deutschsprachigen Raum langfristig überdacht werden sollte, ist die Teilzeit-Führung aktuell die erfolgversprechendste Maßnahme für die Karriere von Frauen (Georg Wernhart et al. 2018).

Flexibilität als wichtiges Tool
Neben den jungen Menschen, die neu in den Arbeitsmarkt eintreten, sind es vor allem die Mütter und Väter, die aus der Elternzeit zurückkehren, für die Flexibilität bei der Arbeitszeit und beim Arbeitsort von großer Bedeutung sind. Corona hat hier zu einer Verbesserung der Situation geführt. Vieles, das früher undenkbar war, wurde mit dem Homeoffice möglich. Das hilft vielen Eltern und vor allem den weiblichen Führungskräften, die früher nach der Geburt eines Kindes oft ihre Karrierehoffnungen begraben mussten.

Mentoring Programme und Netzwerke
Wichtig und hilfreich vor allen für die Rückkehrerinnen aus der Elternzeit sind auch Mentoring-Programme sowie Frauen-Netzwerke, mit denen ich starke Seilschaften meine, in denen frau sich gegenseitig unterstützt und fördert. Aus persönlicher Erfahrung weiß ich, welche Bedeutung dabei ein positives Mindset von Frauen und die aktive Suche nach Lösungen haben. Dagegen bin ich kein Fan von Frauen-Netzwerken, in denen Jammern nach dem Motto „Wir sind so arm" im Vordergrund steht. Auch um das zu verhindern, sollte eine Frau die Führung übernehmen, die ein Vorbild ist und eine ausbalancierte Persönlichkeit hat.

Es gibt viele Möglichkeiten für Unternehmen, den Prozess von der Meldung einer Schwangerschaft bis zur Phase nach dem Wiedereinstieg für Eltern, Führungskräfte und das Unternehmen als Win-win für alle zu gestalten. Wenn dieser Prozess gut funktioniert und es attraktive Angebote für Frauen gibt, kommen Mütter erfahrungsgemäß früher aus der Elternzeit zurück und sind engagierter – wovon das Unternehmen profitiert. Frauen sind wertvolle Know-how-Trägerinnen, sehr loyale Mitarbeiterinnen und besitzen viele wichtige Kompetenzen. Darum investiert Zeit und Kreativität in das Management der Elternzeit, liebe Unternehmen!

Literatur

Dr. Peter Hajek, Dr. Theresa Kernecker (2019) Vereinbarkeit von Familie und Beruf. Familie & Beruf Management GmbH. https://www.familieundberuf. at/sites/familieundberuf.at/files/presse/2020/149390/studienergebnisse-arbeitnehmerinnen_2019.pdf. Zugegriffen: 21. Juli 2022

Dr. Peter Hajek (2019) Public Opinion Strategies, ÖIF Working Paper Nr. 89. Forschungszentrum Familienbewusste Personalpolitik(FFP)

Georg Wernhart, Stefan Halbauer, Markus Kaind (2018) Auswirkungen familienfreundlicher Maßnahmen auf Unternehmen. Österreichisches Institut für Familienforschung. https://www.familieundberuf.at/sites/ familieundberuf.at/files/presse/2018/86883/wp_89_familienfreundliche_ unternehmen.pdf. Zugegriffen: 21. Juli 2022

10

Teilzeit – Falle oder Arbeitsform für die Welt von morgen?

> ❱❱ Wege entstehen dadurch, dass man sie geht.
> Franz Kafka

Wie bereits in Kap. 4 erwähnt, ist in keinem anderen Land in Europa mit Ausnahme der Niederlande die Teilzeitquote von Frauen so hoch wie in Deutschland, Österreich und der Schweiz. Als Hauptgrund dafür, auf eine volle Stelle zu verzichten, wird von den Müttern die Kinderbetreuung genannt, während Männer meist andere Gründe angeben.

Sollen wir nun – wie in Holland – „alle" eher in Teilzeit arbeiten oder führt der Weg über mehr Vollzeit zum Ziel? Klar ist, dass die hohe Teilzeitquote von Frauen das aktuelle Rollenbild stärkt und stützt, viele negative finanzielle Auswirkungen für Frauen hat und uns an der Veränderung hindert. Solange Frauen in Teilzeit und Männer in Vollzeit arbeiten und wir in diesen Zeitmustern denken, wird ein Wandel schwierig. Wenn eine Frau weniger arbeitet (und verdient), lastet fast automatisch die Care-Arbeit auf ihren Schultern.

© Der/die Autor(en), exklusiv lizenziert an Springer-Verlag GmbH, DE, ein Teil von Springer Nature 2023
M. Wölfl, *Kind und Karriere – es geht beides!*,
https://doi.org/10.1007/978-3-662-66087-4_10

Andere Länder zeigen uns jedoch, dass Vollzeit auch 35 h sein können und eine Woche aus „nur" vier Arbeitstagen bestehen kann. Meiner Überzeugung nach sollte die Arbeitswelt von morgen nicht nur eine viel größere Flexibilität bei der Arbeitszeit ermöglichen, es sollte zudem, wie schon thematisiert, für die Beurteilung einer Leistung weniger die Zahl der Stunden als vielmehr die Qualität der Ergebnisse zählen. Dass Mitarbeiter:innen für ihre Resultate anerkannt werden und nicht für die bloße Anwesenheit am Arbeitsplatz oder im Homeoffce: Das ist die Vision.

10.1 Status in Sachen Teilzeit in Europa

Wie in Kap. 4 ausführlich beschrieben ist die Situation in Bezug auf Teilzeit-Erwerbstätigkeit sehr divers und von Land zu Land unterschiedlich. Im deutschsprachigen Raum arbeiten vor allem die Frauen in Teilzeit und zwar meist deshalb, weil sie ihre Kinder betreuen. In anderen Ländern ist die Teilzeitquote sehr niedrig und sind die Gründe vielfältiger. Wie gehen wir also aktuell mit der Tatsache um, dass mehr als zwei Drittel der Frauen mit minderjährigen Kindern Teilzeitbeschäftigte sind? Als Unternehmen müssen wir uns dieser Frage stellen, denn die Karriere von Müttern kommt am Thema Teilzeit nicht vorbei.

10.1.1 Welche Gründe geben Menschen für Teilzeit an?

Kommen wir noch mal, weil es so wichtig ist, zu den Gründen dafür, dass Menschen keine Vollzeitstelle haben. Wie in Abb. 10.1 dargestellt, arbeiteten Männer in Europa in 2021 in den seltensten Fällen aufgrund von Betreuungsverpflichtungen in Teilzeit. Hauptgrund für eine Stundenreduktion von Männern Europa ist das fehlende Angebot einer Vollzeitstelle. Bei Frauen sieht das Bild komplett anders aus, wie Abb. 10.2 klarmacht. Hauptursache für die Arbeitszeitreduzierung ist die Betreuung von Kindern oder erwerbsunfähigen Erwachsenen. Wichtig ist mir auch die Tatsache, dass die Kinderbetreuung vor allem in den deutschsprachigen Ländern die Frauen in Teilzeit zu zwingen scheint.

Gründe für Teilzeitbeschäftigung von Männern in Europa in %
(ausgewählte Länder)

	Konnte keinen ganztätigen Arbeitsplatz finden	Krankheit oder „Unfähigkeit"	Betreuung von Kindern oder erwerbsunfähigen Erwachsenen	In Ausbildung oder beruflicher Fortbildung	Andere familiäre Verantwortungsbereiche	Andere persönliche Verantwortungsbereiche	Sonstige Gründe
Italien	77,9	2,3	1,0	3,8	2,1	9,8	3,0
Spanien	58,6	2,2	2,7	13,0	0,6	2,5	20,3
Portugal	40,6	5,3	0,0	18,1	9,1	0,0	25,1
Frankreich	31,9	12,5	6,6	10,6	0,0	13,0	25,4
EU 27 (ohne GB)	29,8	7,6	5,2	22,4	1,8	10,2	22,6
Schweden	28,6	7,8	6,7	24,4	2,6	20,0	9,9
Österreich	13,8	5,3	7,6	22,9	0,0	32,0	17,4
Deutschland	11,1	8,5	7,1	28,3	2,0	7,8	35,2
Schweiz	9,7	8,2	11,8	18,1	5,0	3,4	43,9

Abb 10.1   Gründe für Teilzeitbeschäftigung von Männern in Europa. (Quelle: Statista Deutschland. © Maren Wölfl 2022. All Rights Reserved)

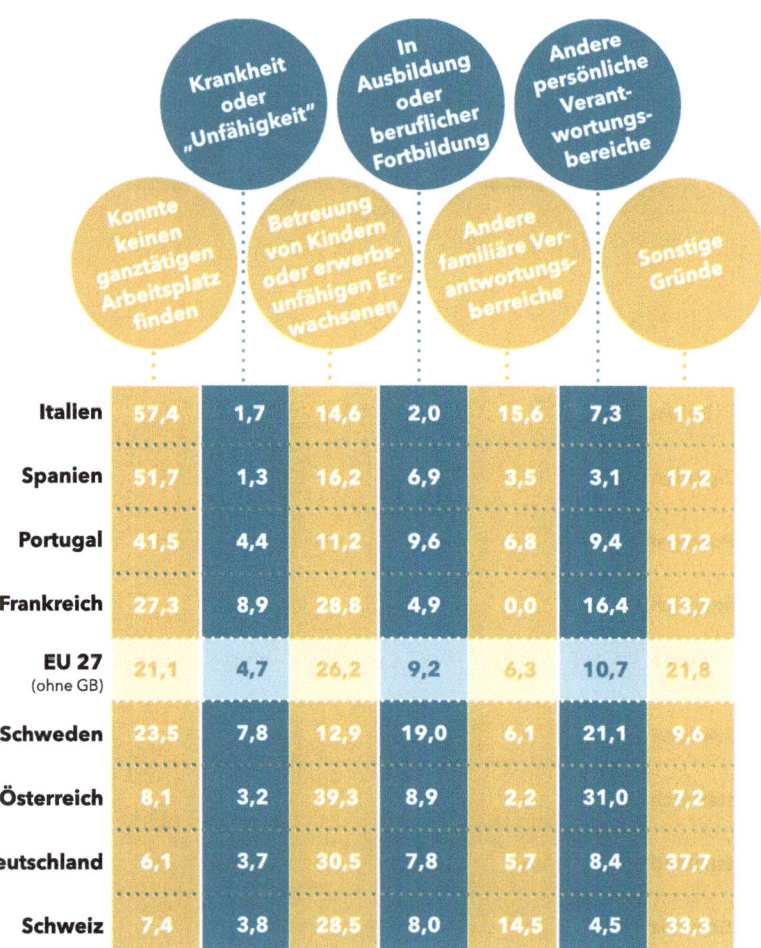

Abb 10.2 Gründe für Teilzeitbeschäftigung von Frauen in Europa. (Quelle: Statista Deutschland. © Maren Wölfl 2022. All Rights Reserved)

10.1.2 Wie sieht es bei den Führungskräften in Teilzeit aus?

Obwohl Teilzeit-Arbeit als Lebensmodell an Attraktivität gewinnt, sieht die Realität bei Führungskräften anders aus. Im EU-Durchschnitt arbeitet eine von fünf Frauen mit Leitungsfunktion in Teilzeit, während es bei den Männern nur drei von 100 sind (Lena Hipp et al. 2021). In den Niederlanden und der Schweiz liegt der Anteil der Teilzeitführungskräfte bei 27 beziehungsweise 25 % – deutlich über dem in Deutschland mit 14 %. In Rumänien und Bulgarien (die sowieso schon wenig Teilzeit aufweisen), beträgt der Anteil von Führungskräften in Teilzeit 1 % oder weniger (ebenfalls Lena Hipp et al. 2021).

Die Teilzeitquoten der Länder sind laut dieser Studie deshalb so unterschiedlich, weil die der Frauen stark differieren, während der Anteil der teilzeitarbeitenden Männer in Führung europaweit sehr gering ist.

In den Niederlanden arbeiten 60 % aller weiblichen Führungskräfte in Teilzeit, während es in Polen nur 3 % und in Frankreich 14 % sind. In Deutschland arbeitet fast jede dritte Frau in Führungsposition in Teilzeit, bei Männern sind es jedoch nur 3 %. Die Gründe dafür, in Teilzeit zu gehen, sind ähnlich wie bei Nichtführungskräften: vor allen die Betreuung von Kindern oder Pflege von Erwachsenen (Lena Hipp et al. 2021).

Bewerbung in Teilzeit

Im Rahmen eines Vortrages hat die Personalchefin eines großen Konzerns Folgendes erzählt:

Sie hatte mit ihrem Mann und ihren Kindern viele Jahre in Skandinavien gelebt, nun wollte die Familie wieder zurück nach Österreich. „Zufällig" sah sie die Ausschreibung einer Vollzeitstelle und wusste sofort, dass diese Position genau ihren Vorstellungen entsprach. Im Rahmen des Bewerbungsprozesses kam irgendwann die Sprache auf die Anzahl der Arbeitsstunden und sie überzeugte das Top-Management, ihr die Chance zu geben, die Stelle in 30 h zu schaffen. Sie vereinbarten einen Probezeitraum von einigen Monaten.

Allerdings wurde auch das angebotene Gehalt an die Arbeitszeit von 30 h angepasst. Mit ihrem Partner traf die heutige Personalchefin des-

halb die Vereinbarung, dass er für das fehlende Einkommen eine ent-
sprechende Summe in ihre Pensionsversicherung einzahlen würde. Beide
fanden das gerecht, da sie den Großteil der Kinderbetreuung übernahm.

10.1.3 Auswirkungen von Teilzeit auf das Gehalt

Die finanzielle Abhängigkeit vom Partner und die fehlende beziehungs-
weise schlechte Altersvorsorge sind die wichtigsten negativen Aus-
wirkungen einer langen Teilzeit-Tätigkeit von Frauen. Während in
Skandinavien sich beide Partner meist die Kinderbetreuung und den
Haushalt partnerschaftlich aufteilen, ist dies im deutschsprachigen
Raum noch komplett anders. So arbeiten in Schweden oft Mutter und
Vater jeweils 30 h, in Deutschland, Österreich und der Schweiz dagegen
die Väter in der Regel 40 und die Mütter etwa 20 h. In Summe arbeiten
Eltern also in den genannten Ländern 60 h, nur ist eben die Aufteilung
eine völlig verschiedene – mit tiefgreifenden Konsequenzen vor allem
für die Mütter, aber auch für den Erfolg von Unternehmen, wie wir in
Kap. 3 gesehen haben.

Nach der Geburt eines Kindes arbeiten also viele Frauen in Teilzeit.
Sie erleiden dadurch enorme Gehaltseinbußen und verdienen auch
noch lange Zeit später erheblich weniger als vor ihrer Mutterschaft. In
einer internationalen Studie wurde erforscht, wie groß der Unterschied
genau ist – und er ist in den deutschsprachigen Ländern enorm: Zehn
Jahre nach der Geburt eines Kindes verdienen Frauen in Deutschland
61 % weniger als davor und in Österreich 50 % weniger. Zurückzu-
führen ist dies auf die lange Teilzeit und die fehlenden Aufstiegschancen
(Henrik Kleven et al. 2019).

Die durch ihr geringeres Einkommen bedingte finanzielle Abhängigkeit wird von den meisten Frauen nicht gesehen oder verdrängt. Das
böse Erwachen kommt oft erst im Alter oder bei einer Trennung. Laut
einer Statistik der Deutschen Rentenversicherung erhielten Männer in
2021 durchschnittlich eine Rente von 1.179 € in den alten Bundesländern und von 1.249 € in den neuen Bundesländern, Frauen von
741 € beziehungsweise 1.065 €. Damit erreichen Frauen im Westen
gerade einmal 62 % des Rentenniveaus der Männer, im Osten sind es

immerhin 85 % (Quelle: ItS). In einer Studie der Universität Mannheim und der Tilburg University im Auftrag von Fidelity International wurde festgestellt, dass es bis zum Alter von 35 Jahren keinen großen Unterschied in puncto Erwerb gesetzlicher Rentenansprüche gebe. Danach aber öffne sich die Schere, was heißt: Die Lücke zwischen der Höhe der späteren Rente der Männer und der der Frauen wird immer größer. Untersucht wurde dies für Deutschland, doch in Österreich dürfte es ähnlich aussehen.

10.2 Versuch einer Handlungsempfehlung für die aktuelle Zeit

Immer wieder spreche ich mit Frauen, die beim Wiedereintritt in das Unternehmen nach der Babypause eine schwierige Entscheidung treffen müssen: Wie viele Stunden möchte und kann ich arbeiten? Ich persönlich glaube ja an eine Zukunft, in der niemand mehr diese Frage beantworten muss. Eine Zukunft, in der es Positionen mit definierten Ergebnissen und einer Stellenbeschreibung geben wird sowie die Anzahl der investierten Stunden irrelevant ist. Aber bis dahin dürfte es noch ein bisschen dauern.

Aktuell sieht es fast immer so aus: Es ist eine Zahl an Stunden zu nennen und sie muss mit dem Arbeitgeber abgestimmt werden. Viele Frauen treffen die Entscheidung, wie lange sie arbeiten wollen, vor dem Hintergrund, dass sie während der Elternzeit/Karenz zu 100 % für das Kind und den Haushalt verantwortlich waren. Ich rate ihnen, sich das bewusst zu machen – und das Denkmuster zu ändern, bevor sie sich eine bestimmte Stundenzahl für den Betrieb auswählen. Wie wäre es mit einem neuen Mindset? Einem, das da heißt: Für die Kinderbetreuung und den Haushalt ist mein Partner genauso zuständig wie ich, wir übernehmen beide die Hälfte zu Hause. Damit ist plötzlich eine ganz andere Entscheidung möglich, was die Arbeitszeit angeht.

Ich kenne so viele tolle Frauen, die eine Führungsposition mit 30 h pro Woche innehaben – eine Stelle übrigens, die vorher in Vollzeit erledigt wurde – und fast alleine für die Kinderbetreuung und den

Haushalt zuständig sind, während der Partner „nur" arbeitet. Das ist ein Ungleichgewicht, das dazu führt, dass die Frauen verlieren. Es wird ihnen einfach zu viel aufgebürdet. Das führt zu Unzufriedenheit und Erschöpfung. Mit der geschilderten, antiquierten Arbeitsaufteilung sind wir Eltern keine Vorbilder für unsere Kinder!

Die Frage, ob Teil- oder Vollzeit die bessere Lösung ist, ist mit dieser Erkenntnis natürlich nicht beantwortet. Wir haben jedoch die Tür zu weiteren Überlegungen geöffnet. Überlegungen wie diesen:

- Wenn Menschen (wie in Holland) in Teilzeit arbeiten, da sie dieses Lebensmodell bevorzugen und es ihnen viele Vorteile bietet, warum sollten sie es dann nicht wählen?
- In Schweden gibt es viele Paare, bei denen beide Partner in Teilzeit arbeiten sowie sich die Kinderbetreuung und die Arbeit im Haushalt teilen.
- Wenn die gesamte Kinderbetreuung und der Haushalt fast vollständig in den Aufgabenbereich der Mutter fällt, dann sollte sich diese die Auswirkungen klarmachen und die mit dem Partner diskutieren. So kann gemeinsam nach Lösungen für den Ausgleich der finanziellen Nachteile gesucht werden.
- Die meisten Mütter in Teilzeit sagen mir: „Ich arbeite im Unternehmen offiziell 30 h, aber in Wirklichkeit sind es viel mehr." Diesen Frauen rate ich oft, dieses Modell zu überdenken. Sie verzichten einfach auf viel Geld und warum sollten sie das tun? Die meisten Männer in meinem Umfeld kommentieren das so: „Das würde ich NIE tun!" Nahezu alle Väter würden sich eine Vollzeit-Stelle bezahlen lassen, wenn sie die de facto ausfüllen, und Flexibilität einfordern.
- In unserer Gesellschaft gilt es als „normal", dass Frauen in Teilzeit arbeiten und viel Zeit mit den Kindern verbringen. Eine Reduzierung der Arbeitszeit von Männern ist dagegen mit vielen Vorurteilen behaftet. Frauen möchten ja tatsächlich gerne Zeit mit den Kindern verbringen, nur wollen das auch die „neuen" Väter, denen aber oft der Mut dazu fehlt, die Voraussetzungen dafür zu schaffen, also weniger zu arbeiten.

- Zusätzlich sollte jeder Frau bewusst sein, dass wir mit dem Konzept „Mutter und Teilzeit" und „Vater und Karriere und Vollzeit" das aktuelle, traditionelle Rollenbild stärken, also Veränderung verhindern. Solange so viele Frauen in Teilzeit arbeiten wie aktuell, wird die Verantwortung für die Kinderbetreuung und den Haushalt an den Müttern hängenbleiben. Und seien wir mal ehrlich: Es ist für viele Väter sehr bequem, wenn ihnen zu Hause „alles" abgenommen wird. Damit auch Väter Interesse an einem Wandel haben, müssen sie die damit verbundenen Vorteile erkennen, also etwa die positiven Wirkungen im Unternehmen (Kap. 3). Fakt ist, dass sich die Erwerbsbeteiligung der Frauen erhöht, wenn der Mann mehr Sorgearbeit übernimmt oder diese Tätigkeit ausgelagert wird (Kai-Uwe Müller, Claire Samtleben 2022).

Resümee: Welches Zeitmodell gewählt wird, hängt von vielen persönlichen Faktoren und Präferenzen ab – hier gibt es kein Patentrezept. Es muss für die Mutter und den Vater in Ordnung sein und zu den familiären Gegebenheiten passen. In jedem Fall sollten Mütter darüber reflektieren, welche negativen Konsequenzen mit einer langen Teilzeit-Beschäftigung verbunden sind.

» **In der Welt von morgen wird es hoffentlich die Wahl zwischen Voll- und Teilzeit nicht mehr geben. Das Ergebnis sollte entscheiden und nicht die Zahl der geleisteten Stunden.**

Wer macht was?

Mein Mann und ich sind sehr unterschiedlich – und das ist gut so. Eine kleine Geschichte dazu:

Es war sieben Uhr morgens und ich stand extrem unter Stress. Drei Kinder wollten Frühstück und die Jause für alle war vorzubereiten.

„Tomaten und Käse für meine große Tochter … kein Gemüse für meinen Sohn … Gurken und Salami für meine kleine Tochter!" Während meiner „internen" Überlegungen erschienen wie von Geisterhand ein Zettel und ein Stift vor meinen Augen. Ich hörte nur noch: „Unterschreiben, bitte!" Und weiter ging es – wo war ich? Ah ja … die Salami fehlte noch. Dazwischen ein kurzer gedanklicher Ausflug in meinen beruflichen Arbeitsalltag: „Habe ich schon die Unterlagen für den Workshop im Rucksack? Ich brauche noch die Moderationskarten. Hoffentlich vergesse ich das nicht …"

Und weiter ging es mit der Jause. Dazwischen: „MAAAAAMMMMAAAAA – wo ist meine neue rote Strumpfhose?" – Aus den Augenwinkeln sah ich meinen Mann durch die Wohnung spazieren, in Gedanken versunken und in verschiedenen Stadien des Anziehens.

„Das gibt es ja nicht. Kann der auch irgendetwas tun? Wieso bleibt immer alles an mir hängen? Der sollte doch sehen und spüren, dass ich Hilfe brauche?" Das waren meine Gedanken und Ärger stieg in mir hoch.

Es folgte ein Dialog, der ungefähr so aussah:
Ich: „Kannst Du bitte helfen?"
Er: „Ich habe heute schon ganz viel gemacht."
Ich: „Was genau????"
Er: „Ich habe mit unserem Sohn gesprochen. Der hat heute Deutsch-Schularbeit und ich habe ihn aufgemuntert und ihm alles Gute gewünscht. Der ist echt nervös. Ich war auch im Zimmer unserer großen Tochter. Für die ist Aussehen so wichtig. Ich habe ihr gesagt, dass das Outfit schon zähle, aber mehr noch ihre Intelligenz und andere Dinge. Ich will nicht, dass sie in einen Schönheitswahn verfällt. Und dann habe ich noch zwei Minuten mit unserer Kleinen gekuschelt. Und sie hat mir erzählt, dass ihre Freundin gestern ‚blöde Kuh' zu ihr gesagt hat. Ich habe sie getröstet und in den Arm genommen."

In diesem Moment und in den Stunden danach wurde das, was ich glaube, denke, fühle und wie ich die Welt wahrnehme, wieder einmal durcheinandergewirbelt. Ich verstand, dass wir beide viel tun, dass es aber ganz unterschiedliche Dinge sind. Tun ist nicht gleich Tun. Jede Person sollte das machen, was er beziehungsweise sie gut kann.
Und: Wir können es nur gemeinsam schaukeln.

10.3 Der Blick in die Zukunft

Häufig wird heute von *New Work* gesprochen. Damit ist eine neue Form der Arbeit gemeint, die sich entwickelt aufgrund von Digitalisierung und Globalisierung sowie den Anforderungen der neuen Generationen, die in den Arbeitsmarkt drängen. „New Work steht für eine moderne, flexible und menschen-zentrierte Form der Arbeits-organisation", heißt es in einem Whitepaper der Haufe Akademie. Wenn wir von New Work reden, dann geht es um flexible Arbeitszeiten, Mobilität, offene und flexible Bürokonzepte, flache Hierarchien und Führen auf Augenhöhe.

Diese neue Form der Arbeitsweise, die so viele junge Mit-arbeiterinnen einfordern, bietet viele Chancen für Frauen und Mütter. Letztere werden nicht mehr als Störfaktor gesehen, da es viele ver-schiedenen Arbeitsformen gibt. Wann Anwesenheit im Büro nötig ist, wird zum Beispiel von Woche zu Woche festgelegt. Flexibilität als Mindset ist Voraussetzung für Teamwork.

New Work verlangt mehr Eigenverantwortung und Fokus auf den eigenen Einflussbereich. In vielen Unternehmen herrscht noch immer die Einstellung, dass mobiles Arbeiten ein Anrecht sei, und so mancher verweist dabei auf die Kollegin oder den Kollegen. Motto: „Wenn der das darf, dann darf ich das auch!" Auf der anderen Seite wehren die Vorgesetzten Arbeiten zu Hause mit Argumenten ab, die etwa so lauten: „Wir können kein Homeoffice einführen, denn der Portier muss ja auch anwesend sein."

Homeoffice ist aber kein Anrecht oder gar eine Verpflichtung des Arbeitgebers. Wichtig ist, wo und wie die Arbeit am besten erledigt werden kann. Und es gilt, die Bedürfnisse und unterschiedlichen Persönlichkeiten der Mitarbeiterinnen in die Überlegungen einzu-beziehen. Es gibt solche, die arbeiten gerne vor Ort im Büro, während sich die Mehrheit eine Mischung aus Remote-Tätigkeit und Anwesen-heit im Betrieb wünscht, also vor allem Flexibilität.

Die gute Nachricht: Bei New Work sprechen wir nicht mehr über erbrachte Stunden. Die Entlohnung erfolgt aufgrund der Stellenbe-schreibung und der Ergebnisse. Und damit ist es völlig unerheblich, ob eine Person 25, 30 oder 50 h arbeitet. Der Erfolgt zählt. Ein Modell, das vor allem vielen Müttern, aber letztlich auch den Familien insgesamt zugutekommen wird. Die Corona-Pandemie hat hier, wie schon erwähnt, als Beschleuniger gewirkt, denn sie hat mobiles Arbeiten sozusagen hoffähig gemacht (Haufe Akademie).

Übersicht

Teilzeit oder Vollzeit? – Eine schwierige Frage, die sich viele Frauen beim Wiedereintritt nach der Babypause stellen und die nicht allgemeingültig beantwortet werden kann. Es gilt, die Konsequenzen beider Arbeitsformen zu überdenken und als Familie eine gemeinsame Entscheidung zu treffen. Wichtig ist: Frauen sollten sich nicht für die gesamte Kinderbetreuung und den Haushalt zuständig fühlen, sondern die Arbeit zu Hause 50 zu 50 mit dem Partner teilen, wobei jeder am besten das übernimmt, was seinen Fähigkeiten entspricht. Dann nämlich wird die erwähnte Entscheidung eine viel freiere, eine nicht nur auf dem vielleicht in der Babypause gelebten Modell basierende sein.

In der Welt von morgen wird es weniger um die im Büro oder auch im Homeoffice erbrachten Stunden, wird es weniger um die bloße Anwesenheit am Arbeitsplatz gehen, sondern mehr um Resultate und Ergebnisse. Das wird in manchen Unternehmen sehr bald so sein, während andere länger für diese Neubewertung von Leistung brauchen dürften. Die Mitarbeiterinnen werden diese jedoch immer häufiger erwarten. Ihnen wird eine Balance von Privat- und Berufsleben wichtiger und sie werden die Arbeitgeber wählen, welche diese ermöglichen.

Literatur

Haufe Akademie, Whitepaper New Work. https://images.aktuell.haufe.com/Web/HaufeLexwareGmbHCoKG/%7Ba69e2869-6cdd-47c2-ba85-fe1e93378632%7D_WP_New_Work.pdf?emos_sid=AX_utkCNjxda1a04ZoIPUY26rMsoo6oO&emos_vid=AX_utkCNjxda1a04ZoIPUY26rMsoo6oO. Zugegriffen: 21. Juli 2022

Haufe Akademie. New Work: Warum ist die Zeit jetzt reif? https://www.haufe-akademie.de/new-work. Zugegriffen: 21. Juli 2022

Henrik Kleven, Camille Landais, Johanna Posch, Andreas Steinhauer, Josef Zweimüller (2019) Child penalties across countries: Evidence ans explanations. National Bureau of economic research, Cambridge.

https://www.nber.org/system/files/working_papers/w25524/w25524.pdf. Zugegriffen: 21. Juli 2022

ItS Initiative für transparente Studienförderung gemeinnützige UG (haftungsbeschränkt) Durchschnittsrente in Deutschland 2022 (Rentenhöhe). https://www.mystipendium.de/geld/durchschnittsrente. Zugegriffen: 21. Juli 2022

Kai-Uwe Müller, Claire Samtleben (2022) Reduktion und partnerschaftliche Aufteilung unbezahlter Sorgearbeit erhöhen Erwerbsbeteiligung von Frauen. DIW Berlin, Wochenbericht 9/2022. https://www.diw.de/de/diw_01.c.836553.de/publikationen/wochenberichte/2022_09_1/reduktion_und_partnerschaftliche_aufteilung_unbezahlter_sorgearbeit_erhoehen_erwerbsbeteiligung_von_frauen.html. Zugegriffen: 21. Juli 2022

Lena Hipp, Armin Sauermann, Stefan Stuth (2021) Führung in Teilzeit? Eine empirische Analyse zur Verbreitung von Teilzeitarbeit unter Führungskräften in Deutschland und Europa. Kapitel 4 aus: Karlshaus, Anja & Kaehle, Boris (Hrsg): Teilzeitführung. Rahmenbedingungen und Gestaltungsmöglichkeiten in Organisationen, 2. Auflage. Wiesbaden: Springer Gabler. https://www.econstor.eu/bitstream/10419/242488/1/Fulltext-chapter-Hipp-et-al-Fuehrung-in-Teilzeit.pdf. Zugegriffen: 21. Juli 2022

Universität Mannheim und der Tilburg University. Gleicher Job, weniger Rente: Frauen erhalten 26 Prozent weniger gesetzliche Rente als Männer. Im Auftrag von Fidelity International. https://www.uni-mannheim.de/newsroom/presse/pressemitteilungen/2019/september/gleicher-job-weniger-rente-frauen-erhalten-26-prozent-weniger-gesetzliche-rente-als-maenner/. Zugegriffen: 21. Juli 2022

11

Stolpersteine auf dem Weg: Einfach überspringen, umgehen oder die Richtung ändern

>> Ich möchte gerne ALLES unter einen schönen Hut bringen, unter einen Hut, den ich gerne trage!

Es gibt Vorurteile und hinderliche Denkmuster sowie externe Barrieren, die sich Frauen – natürlich nicht nur ihnen – in den Weg stellen. Zu nennen ist hier auch die „gläserne Decke", also die unsichtbaren Hindernisse, die Frauen trotz hoher Qualifikation den Aufstieg erschweren oder scheinbar unmöglich machen. Im Folgenden möchte ich gerne den Fokus auf den eigenen Einflussbereich legen, ein Konzept, das ich als sehr hilfreich empfinde und das ich in Kap. 2 bereits angerissen habe. Das, was wir glauben, denken und fühlen, können wir, kann jede und jeder Einzelne, kann jede Frau ändern. Die äußeren Gegebenheiten können wir als Einzelpersonen nicht direkt beeinflussen – dazu zählen die Kultur im Unternehmen, die angebotene Unterstützung für Eltern oder auch die Optionen für Kinderbetreuung

© Der/die Autor(en), exklusiv lizenziert an Springer-Verlag GmbH, DE, ein Teil von Springer Nature 2023
M. Wölfl, *Kind und Karriere – es geht beides!*,
https://doi.org/10.1007/978-3-662-66087-4_11

in unserem Umfeld. Wir können jedoch lernen, gut damit umzugehen. Wenn sich dir ein Hindernis in den Weg stellt, solltest du dich
stets fragen: Überspringe ich diese Barriere, gehe ich außen herum oder
ändere ich meine Richtung und nehme einen anderen Weg?

Mein eigener Weg

Ich habe drei Kinder, einen Partner, der „sehr berufstätig" ist, weder
Eltern noch Schwiegereltern in Wien, wo ich wohne. Zudem ist mein
Mann immer parallel zur Geburt unserer Kinder befördert worden. Von
außen betrachtet also eine eher „bescheidene" Situation für eine Frau in
einem Land mit von Traditionen geprägten Strukturen wie Österreich, die
berufliche Ambitionen hat.

Ich hätte mich nun hinsetzen können und mir denken: Blöd gelaufen,
das Leben hat dir „schlechte Karten" ausgeteilt. Ich hätte jammern, mich
als Opfer fühlen und selbst bemitleiden können. Aber: So bin ich nicht
gestrickt. Ich schaute mir meine „internen" und auch die externen Hindernisse an, fand meinen Weg, ging und gehe ihn! Einer der Knackpunkte
dabei ist mein gutes Gewissen. Ich möchte gerne Kinder und Familie sowie
Beruf unter einen Hut bringen. So, dass es mir und allen anderen damit
gutgeht. Es soll ein schöner Hut sein, den ich gerne trage. Manchmal
glaube ich, dass wir Mütter mit der Geburt eines Kindes eine Art Injektion
erhalten, die heißt: „Als Mutter hast du immer ein schlechtes Gewissen!"
Das aber will ich nicht und so habe ich gezielt daran gearbeitet. Wir als
Familie haben daran gearbeitet und uns eine Aufteilung der häuslichen
Pflichten überlegt, die sowohl mir als auch meinem Mann das berufliche
Engagement ermöglicht.

Auch das Thema eigene Ansprüche, etwa an die Sauberkeit der
Wohnung, oder meine Vorstellungen darüber, wie eine „gute Mutter"
zu sein hat, habe ich mir vorgenommen – und meinen Fokus verändert.
Weg vom Perfektionismus – übrigens gar nicht so einfach! Meine Familie
kommt vom Land, aus Zell am See. Dort stellt man heute noch Fragen
dieser Art: „Wie kannst du deine Kinder mit einem halben Jahr einer
Leihoma anvertrauen? Wie kannst du deine Kinder nachmittags in
einen Hort geben?" Ich habe das getan, als ich einen großen Auftrag
bekommen habe. Für einen Teil meiner Familie ist so etwas jedoch nach
wie vor undenkbar.

Meine Eltern, die natürlich immer wieder gesehen haben und sehen,
dass es mir manchmal einfach alles zu viel wird, fragen: „Wieso tust du
dir das alles an?" Und ich antworte: „Es ist viel, aber ich bin doch nicht
blöd. Wieso soll ich etwas, das ich gerne tue – meine Arbeit –, austauschen
gegen etwas, das ich nicht gerne mache: Haushalt, Putzen, Wäsche
waschen und das alles den ganzen Tag?" Mein Ziel war immer klar: Es ist
für mich kein Entweder-oder sondern ein Sowohl-als-auch. Ich will weder

auf das eine noch auf das andere verzichten. Nur so kann ich ein glückliches, erfülltes Leben führen. Nur so kann ich sowohl zu Hause als auch im Job das Beste von mir einbringen.

Für mich sind drei Dinge entscheidend:

- Ich konzentriere mich immer auf meinen eigenen Wirkungsbereich, jammere nicht und schiebe nicht die Schuld auf jemand anderen.
- Mein Fokus liegt auf den Schlupflöchern, den Zwischenräumen und Chancen – und nicht auf echten oder vermeintlichen Gitterstäben, nicht auf den internen oder externen Hindernissen, die mir im Wege stehen.
- Ich konzentriere mich auf mein Ziel und darauf, wie ich es am besten erreiche.

Das Konzept des Einflussbereichs von Stephen R. Covey

Bevor ich auf die internen und externen Stolpersteine eingehe, möchte ich dir gerne das Konzept von Stephen R. Covey näherbringen, das er in seinem Buch „7 Wege zur Effektivität" (2000, Heyne Bücher) beschrieben hat und das schon in Kap. 2 eine Rolle spielte. Ich mag es, denn es ist sehr simpel. Laut Covey gibt es zwei Kreise: den „Einflussbereich" und die „Interessensphäre", die du in Abb. 11.1 sehen kannst.

Wie viel Zeit verbringst du damit, dich über Dinge aufzuregen, die du nicht verändern kannst? Wir beschweren uns über das Wetter, die

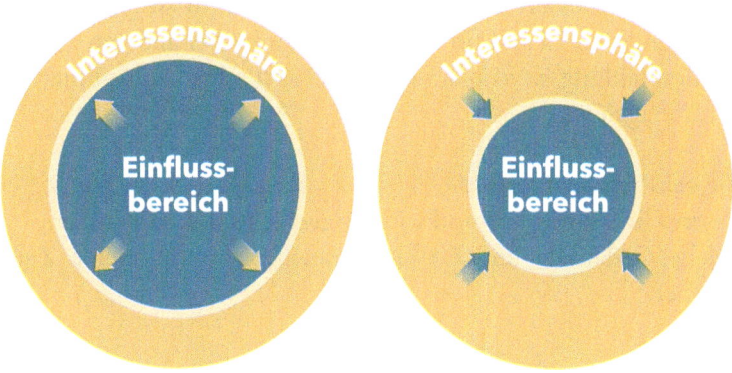

Abb 11.1 Fokussiere auf Deinen Einflussbereich. (Quelle: Stephen R. Covey, 7 Wege zur Effektivität, 2000 © Maren Wölfl 2022. All Rights Reserved)

Kollegin oder auch die Vorgesetzte, die fehlende Kinderbetreuung in unserem Ort. Wir wissen dabei genau, dass es völlig sinnlos ist und es uns keinen Zentimeter weiterbringt. Es ist vergeudete Energie. All das sein zu lassen, bedeutet eine riesengroße Zeitersparnis. Du solltest nicht einmal mehr darüber nachdenken oder Selbstgespräche dazu führen. All diese Dinge befinden sich nicht in deinem Einflussbereich. Es sind Themen und Ereignisse, die uns zwar betreffen, auf die wir aber keinen direkten Einfluss haben. Wir können nur lernen, besser damit umzugehen.

Etwas genauer zu betrachten sind jedoch auch die vermeintlichen Einschränkungen. Manchmal denken wir, dass etwas eine Restriktion ist und stellen diese gar nicht infrage – zum Beispiel Meetings, die nach 17 Uhr angesetzt werden. Viele Menschen ärgern sich darüber, thematisieren dies jedoch nie. So etwas würde jedoch in unseren Einflussbereich fallen, wie auch eine gemeinsame Initiative für ein anderes Essen in der Kantine oder andere Verbesserungsvorschläge fürs Unternehmen.

Im eigenen Einflussbereich liegt alles, auf das wir direkten „Zugriff" haben: unsere Gesundheit, eigene Gedanken, Reaktionen auf externe Gegebenheiten, unsere Ängste, Sorgen und alle anderen Gefühle sowie vieles andere mehr. Wichtig ist dabei der Fokus, den wir haben. Wenn du dich langfristig immer und immer wieder mit Themen außerhalb deines Einflussbereiches beschäftigst, so wird dieser gefühlt schrumpfen – und der Eindruck von Ohnmacht und Hilflosigkeit wachsen.

Ich weiß, dass es oft einfacher ist, die Schuld für so manches Unangenehme und den Grund für den eigenen Ärger bei anderen zu suchen. Meine Empfehlung ist jedoch, immer bei sich selbst zu beginnen – und zwar mit Fragen wie:

- Wie gehe ich damit um?
- Was macht das mit mir und wieso ärgere ich mich so darüber?
- Welche Gedanken und Gefühle brauche ich, um meine Ziele zu erreichen?

Die Liste ließe sich fortsetzen. In diesem Zusammenhang mag ich auch diese Aufforderung: *Love it, change it or leave it.* Wir haben ja drei Optionen für den Umgang mit Herausforderungen:

1. Love it: Wir akzeptieren die Situation und machen das Beste daraus. Du kannst weder deine Kolleginnen noch dein Unternehmen ändern. Gewisse Themen sind einfach so, wie sie sind. Finde deinen Weg, um gut damit umgehen zu können. Für mich persönlich fallen in diesen Bereich die Corona-Maßnahmen. Ich versuche, mich nicht mehr aufzuregen und einfach für uns als Familie einen guten Weg zu finden. Es ist so, wie es ist.
2. Change it: Wir versuchen, die Situation zu verändern. Probiere in diesem Fall, Lösungen zu finden. Fokussiere dich auf deinen Einflussbereich! Ich sehe mich selbst als „größte Schlupfloch-Sucherin". Ich fahnde immer nach Möglichkeiten und Chancen. Und für mich gibt es meistens einen Weg.
3. Leave it: Wir verlassen das Spielfeld, wenn Punkt eins und zwei nicht möglich sind.

Nach REIFLICHER Überlegung und Nutzen der beiden oben genannten Möglichkeiten kannst du nur noch das „Spielfeld verlassen", wenn es für dich gar nicht passt. Ich habe vor vielen Jahren eine Stelle aufgrund meines direkten Vorgesetzten aufgegeben. Das ganze Team hatte Probleme und wir hatten Mediationen, viele Lösungsgespräche und mehr. Geändert hat sich nichts. Ich habe gekündigt und bin gegangen.

Ich versuche immer, alle Menschen zu ermutigen, bei Punkt eins und zwei wirklich alle Möglichkeiten auszuschöpfen. Es gilt, sich selbst und die eigenen Denkmuster zu hinterfragen. Wenn nötig, dann auch mit professioneller, externer Unterstützung. Mache dir klar: Auch wenn du das „Spielfeld" verlässt, das dir nicht guttut, wirst du im Leben wieder und wieder durch ähnliche oder gleiche Themen herausgefordert. Es liegt also in deinem ureigenen Interesse, gut hinzusehen.

11.1 „Interne" Barrieren: Glaube nicht alles, was Du denkst

Ich kann aus meiner beruflichen Praxis über viele Barrieren in den Köpfen vor allem von Frauen berichten. Zu diesen gehören:

- eigene Ansprüche an die „perfekte Mutter und Frau"
- ein permanent vorhandenes schlechtes Gewissen
- der Glaube, alle Anforderungen und Erwartungen erfüllen zu müssen
- Zweifel, ob der eingeschlagene Weg der richtige ist
- ein traditionelles Rollenbild im Kopf, das unter anderem bedeutet, allein für Kinder und Haushalt verantwortlich zu sein

Schauen wir uns diese fünf Punkte im Einzelnen an.

Eigene Ansprüche an die perfekte Mutter und Frau
Es ist erst einmal gut, wenn du gut sein möchtest. Das möchte ich nicht außer Acht lassen. Hohe Ansprüche sind ja etwas Positives und natürlich möchtest du eine gute Partnerin und Mutter sein. So treiben dich deine eigenen Erwartungen voran. Doch jetzt kommt das große ABER: Als Frau, Mutter und Führungskraft gilt es, Prioritäten zu setzen und Kompromisse zu schließen. Auch dein Tag hat nur 24 h und auch deine Woche nur sieben Tage. Ziel ist es, wegzukommen vom Gefühl, ewig nur Defizite zu verwalten, da die Aufgabenliste immer zu lang und immer zu viel zu tun ist. Die 80:20-Regel kann dabei helfen. Sie besagt, dass 80 % der Ergebnisse mit 20 % des Einsatzes zu erreichen sind. Die restlichen 20 % verlangen dann übermäßig viel des gesamten Einsatzes, nämlich 80 % (Wikipedia, Paretoprinzip). – Ist es das wirklich immer wert?

Das schlechte Gewissen
„Als berufstätige Mutter hast du ständig ein schlechtes Gewissen." – Diesen Satz sagen mir viele meiner Klientinnen. Früher habe ich ihn auch selbst gesagt und geglaubt. Aber wieso eigentlich? Haben berufstätige Väter ebenfalls immer ein schlechtes Gewissen? Ich empfehle allen

Frauen, diesen Satz ins Positive zu drehen. Beispielsweise so: Ich habe immer ein gutes Gewissen, weil …

- ich jeden Tag mein Bestes gebe,
- ich die Kinderbetreuung und den Haushalt 50 zu 50 mit meinem Partner teile,
- ich ein Vorbild für meine Kinder bin und
- ich gerne arbeite und Mama bin.

Vielleicht sieht dein Satz für ein gutes Gewissen auch ganz anders aus. Das ist okay, nur arbeite im jedem Fall daran, möglichst laufend ein solches zu haben. Das macht das Leben einfach lebenswerter.

Der Glaube, alle Anforderungen und Erwartungen erfüllen zu müssen
Mache dir keine Illusionen: Als Frau, Mutter und Führungskraft hast du viele Aufgaben und das wird lange Zeit so bleiben. Im Alter zwischen 30 und 45 Jahren ereignet sich meist eine ganze Menge: Partnerschaft, Kinder, Karriere sind nur einige Stichwörter. Deine Tage sind voll und die Hoffnung, nächsten Monat werde es endlich besser, wird sich nicht erfüllen. Wie gesagt: Es wird viel bleiben! Daher ist entscheidend, wie du mit dieser Tatsache umgehst. Du solltest eine Art „inneren Kompass" entwickeln – mit einer Haltung und einem Mindset, die wirklich hilfreich sind. Zu Letzterem gehört die Erkenntnis: Wir können nicht alle Anforderungen und Erwartungen der anderen erfüllen. Dafür sind unsere Tage einfach zu kurz. Es ist schlicht ausgeschlossen, immer allen gerecht zu werden. Hier ein paar Beispiele für sich gegenseitig ausschließende Anforderungen:

- Mein Kind erwartet, dass ich abends mit ihm spiele, und gleichzeitig ruft meine Chefin an, die Fragen zu einem dringenden Projekt hat.
- Unerwartet erhalte ich um 15 Uhr einen Termin für ein megawichtiges Projekt, der um 18 Uhr stattfinden soll – die Zeit, zu der ich meinen Sohn zum Sport bringen wollte.
- Meine Freundin wartet auf einen Rückruf, während ich noch mitten in den Vorbereitungen für eine Präsentation am nächsten Tag stecke.
- …

Erfahrungsgemäß gilt es jeden Tag, die Wichtigkeit der verschiedenen Aufgaben einzuschätzen – und sich mal für die eine, mal für die andere zu entscheiden. Meist erwarten wir von uns einfach zu viel und glauben, dass die anderen – die Familie, Kolleginnen, die Chefin – ebenfalls denken, wir würden all diese Dinge schaffen. Wir hinterfragen das gar nicht mehr, sollten es aber tun. Meine Empfehlung: Mache mal einen Realitätscheck und frage konkret nach, was wirklich von dir erwartet wird. Und lege dir Rechenschaft über deine eigenen Werte und Prioritäten ab. Das unterstützt dich bei schwierigen Entscheidungen.

Selbstzweifel

Bin ich gut genug, kann ich das überhaupt, darf ich mir dieses oder jenes wirklich zutrauen? Selbstzweifel lauern überall und sind besonders bei Frauen an der Tagesordnung. So ergab eine kürzlich im *Harvard Business Review* veröffentlichte Untersuchung von Jack Zenger und Joseph Folkman (2019), dass sich Frauen bis zum Alter von Mitte 40 Jahren weniger Selbstvertrauen zuschreiben als gleichaltrige Männer. Speziell im Alter von etwa 25 Jahren zeigt sich hier eine deutliche Differenz: Etwa 50 % der Männer halten sich in dieser Lebensphase für selbstbewusst, aber nur etwa 30 % der Frauen.

Ich habe auch eine eigene „Zweiflerin" bei mir im Kopf, die mich immer wieder mal besucht. Als sie mir das erste Mal begegnete, war ich schockiert. Nun ist „die Zweiflerin" – wie ich sie liebevoll nenne – meine Freundin geworden. Mehr dazu hier im Video: https://femalewakeupcall.com/umgang-mit-selbstzweifel/ und Details hier im Blogartikel: https://femalewakeupcall.com/2022/02/04/selbstzweifel-6-tipps/.

Traditionelles Rollenbild im Kopf

Kaum etwas bremst dich stärker als der Glaube, es sei schon alles richtig so, wie es immer war. Dass also die Frau beruflich zurücksteckt, dass sie sich allein für Kinder und Haushalt verantwortlich fühlt, sei quasi gottgegeben. Das ist es natürlich nicht und du solltest diese Einstellung, sofern du sie hast, so schnell wie möglich ändern. Ich werde darauf im

Folgenden nochmals eingehen, denn ein traditionelles Rollenbild zählt zu den externen Hindernissen.

Manchmal stelle ich mir auch bei meinen Klientinnen die Frage, ob die Ursache für ein Hindernis im eigenen Kopf zu suchen ist oder es wirklich die Gesellschaft mit ihrer Erwartungshaltung ist. Der Unterschied ist meist schwierig zu erkennen, was dich zur Selbstreflexion ermutigen sollte. Oft schieben wir die Verantwortung auf die Gesellschaft, müssen jedoch erkennen, dass wir die Gedanken, die uns nicht gefallen, auch in den eigenen Köpfen haben.

11.2 Externe Hindernisse authentisch überwinden und deinen Weg finden

Genauso relevant wie die internen Barrieren, also die im Kopf, sind die tatsächlichen Hindernisse. Anders als bei den sozusagen „hausgemachten" kannst du hier jedoch nicht direkt eingreifen. Was du deshalb tun musst, ist, die Stolpersteine zu überspringen oder aber zu umgehen, indem du die Richtung kurzfristig änderst. Das gehört unter anderem zu den externen Hindernissen:

- Vorurteile
- Traditionelles Rollenbild
- Mythos der Rabenmutter

Betrachten wir nun nach und nach diese Punkte.

Vorurteile
Gemäß einer Studie des Entwicklungsprogramms der Vereinten Nationen (United Nations Development Program 2020) haben weltweit neun von zehn Menschen Vorurteile gegenüber Frauen. Zudem glaubt die Hälfte der Weltbevölkerung, dass Männer bessere politische Leader sind. Und immerhin 40 % aller Frauen und Männer halten Männer für die besseren Führungskräfte.

Ich bin immer wieder entsetzt, wenn ich Zahlen wie diese lese, und kann es kaum glauben. Dann jedoch entdecke ich auch bei mir selbst Vorurteile, wie ich dir schon in Kap. 8 berichtet habe. Und mein Credo lautet ganz klar: Beginne zuerst bei dir und deinen Vorurteilen. Schaffe ein Bewusstsein dafür und ändere etwas!

» Setze dich ans Lenkrad deines Lebens und bleibe nicht auf dem Beifahrersitz oder gar versteckt im Kofferraum.

Vorurteilen authentisch begegnen

In einem Workshop mit Frauen aus Mexiko, Jordanien, Costa Rica, Südafrika und Argentinien haben wir über Vorurteile gegenüber Frauen im Business gesprochen – und auch darüber, wie jede von uns damit umgehen möchte. Das Ergebnis dieser Diskussionsrunde war, dass es kein Patentrezept gibt. Dafür benötigen wir ein Bewusstsein, sodass wir uns selbst gut durchnavigieren können. Alle Frauen waren sich einig, dass wir authentisch bleiben sowie uns selbst und andere mit Respekt behandeln sollten. Wichtig ist dabei, nichts persönlich zu nehmen. Vorurteile und blöde Bemerkungen haben meist nichts mit dir zu tun, sondern eher mit der Denkstruktur der anderen Person.

Spannend war auch der Punkt, dass die Steigerung des eigenen Selbstbewusstseins wichtiger ist als der Versuch, die anderen oder deren Meinung zu ändern.

Frauen sind also in den Köpfen vieler Menschen die schlechtere Wahl für Spitzenpositionen – egal, ob in der Politik oder in der Wirtschaft. Hier eine unvollständige Auflistung diverser Vorurteile und negativen Einschätzungen:

- „Frauen wollen ja gar nicht führen!"
- „Frauen sind viel zu emotional!"

- „Frauen können sich nicht durchsetzen!"
- „Na, die hat ja Haare auf den Zähnen!"
- „Die armen Kinder – wieso ist die Frau nicht bei den Kindern zu Hause?"
- „Wieso sind manche Frauen so karrieregeil?"

Interessant finde ich auch den Ausspruch mancher Männer, der da lautet: „Meine Frau muss ja nicht arbeiten!" Im Grunde unfassbar, dass es so etwas heute noch gibt, aber es kommt leider tatsächlich häufig vor. Und es wirkt sicher als externe Barriere, denn auch dahinter steckt letztlich ein Vorurteil – das nämlich, dass Frauen gar nicht arbeiten wollen, sondern froh darüber sind, wenn sie es nicht „müssen".

In diesem Zusammenhang möchte ich noch mal auf das oben angeführte Konzept von Stephen R. Covey verweisen. Auch wenn die aufgelisteten Vorurteile und Hindernisse ab und an sehr schmerzhaft sind, so haben wir als Einzelperson keinen Einfluss auf die Gedanken und Meinungen anderer. Das dürfen wir bedauern, darüber dürfen wir auch traurig sein. Das ist okay.

Was aber sehr wohl in deinem Einflussbereich liegt, ist, wie du damit umgehst, dass es diese Vorurteile und Hindernisse gibt. Was tust du, damit sie dich auf deinem Weg nach oben nicht behindern?

Das traditionelle Rollenbild als großer Stolperstein

Einer der wohl wirkmächtigsten Bremsklötze ist sicherlich die Erwartung, welche Rolle Frauen mit Kindern prioritär zu spielen haben. Vor allem im deutschsprachigen Raum – das legen zumindest die hohen Teilzeitquoten nahe – scheint diese Rolle in erster Linie die der treusorgenden Mutter zu sein. Bei meiner Arbeit in Unternehmen und mit Einzelnen berichten mir viele Frauen, dass sie von den Kolleginnen nur mehr als Mutter gesehen und angesprochen werden – und dass sie sich vor allem ihren Aufgaben zu Hause widmen sollten beziehungsweise sie verantwortlich dafür seien, diese und die beruflichen unter einen Hut zu bringen. Von der Verantwortung der Männer für dasselbe Thema ist selten die Rede.

Großes Erstaunen bei einer Kundin

Eine Klientin von mir hatte zwei Kinder im Alter von fünf und acht Jahren – und führte ein Team mit sechs Personen in einem internationalen Konzern. Obwohl sowohl sie als auch ihr Partner berufstätig waren, managte sie bis auf wenige Ausnahmen die Kinderbetreuung und den Haushalt fast ganz allein. Während des Coaching-Prozesses wurde ihr Partner arbeitslos und war den ganzen Tag zu Hause. Dennoch fühlte sie sich weiterhin für einen Großteil der Kinderbetreuung zuständig und es war für sie sehr schwer, loszulassen und Verantwortung abzugeben. Nach und nach lernte sie zwar, ihren Partner das eine oder andere einfach machen zu lassen. Doch wenig später suchte sie nach einer Putzfrau und kommentierte das so: „Mein Mann schafft das alleine nicht!"

Dieser Satz war für mich wie ein Weckruf und ich wollte aus ihr herauslocken, welches Rollenbild sie zu einem solchen Verhalten brachte. So fragte ich: „Stelle dir vor, eine Frau mit zwei Kindern ist arbeitslos und erkundigt sich nach einer Putzfrau, weil sie die Hausarbeit und Kinderbetreuung nicht schafft. Sie möchte gerne, dass zweimal die Woche eine Hilfe kommt, da sie sich überfordert und überlastet fühlt! Was würdest du über diese Frau denken?"

Meiner Kundin wurden ihre eigenen Denkmuster bewusst und es war für sie ein entscheidender AHA-Moment. Sie fühlte sich trotz ihrer Führungsposition im Unternehmen für den Haushalt und die Kinderbetreuung zuständig – und erledigte auch beides zumindest vor der Arbeitslosigkeit ihres Mannes weitgehend allein. Nun freute sie sich zwar über die „Unterstützung" von ihrem Partner, doch obwohl der inzwischen ganztägig zu Hause war, meinte sie, ihm die gesamte Kinderbetreuung und den Haushalt nicht zumuten zu können. – Interessant …

Der Mythos der Rabenmutter

Rabenmutter ist eines DER Schimpfwörter, wenn es um eine Mutter geht, die angeblich ihre Kinder vernachlässigt. Wichtig in diesem Zusammenhang ist mir zweierlei: Dieses Wort existiert nur im deutschsprachigen Raum (es gibt dafür keine Übersetzung in andere Sprachen) und es ergibt, bei Licht betrachtet, überhaupt keinen Sinn, was deutlich wird, wenn wir bei Wikipedia unter Rabenmutter nachschauen:

„Der Ausdruck geht vermutlich auf die Beobachtung zurück, dass junge Raben ähnlich wie junge Stare nach dem Verlassen des Nestes am Boden sehr unbeholfen erscheinen und als zu früh sich selbst überlassen beurteilt wurden. Junge Raben sind zwar Nesthocker, verlassen aber vor

Erlangen der Flugfähigkeit aus eigenem Antrieb das Nest. Es ist insofern ein Trugschluss, dass Raben keine fürsorglichen Eltern seien. Die Elternvögel füttern die bettelnden Jungvögel tatsächlich einige Wochen lang und warnen und schützen ihre Jungen vor Feinden."

Ich halte es für sehr wichtig, das Schimpfwort Rabenmutter endlich aus unserem Wortschatz zu streichen – zumindest aus dem aktiv verwendeten. Eine Alternative wäre es, dem Wort eine positive Konnotation zu geben, da die, wie der Auszug aus Wikipedia zeigt, viel eher der Realität entspricht. Wahrscheinlich ist es schwierig, dies umzusetzen. Ich persönlich habe immerhin für mich beschlossen, die Bezeichnung Rabenmutter als Kompliment zu betrachten, sind doch Raben tolle Eltern. Sie verlassen ihre Kinder nicht, sondern lassen sie los und ermöglichen es ihnen, ihre Fähigkeiten zu entwickeln – sofern man vermenschlichend interpretieren will.

Andere externe Hindernisse auf gesellschaftlicher Ebene
Natürlich sind fehlende Kinderbetreuung, familienunfreundliche Unternehmen, keine Flexibilität am Arbeitsplatz und Männernetzwerke weitere Hindernisse für Frauen.

Wenn es keine Möglichkeit der Kinderbetreuung gibt, die Schulen um 13 Uhr schließen und die Sommerferien von sechs Wochen in Deutschland und sogar neun Wochen in Österreich von den Eltern überbrückt werden sollen, dann sind das riesige Probleme, die vor allem Frauen an der beruflichen Weiterentwicklung hindern.

Wichtig ist es, an dieser Stelle auch noch mal die Unterschiede innerhalb Europas zu erwähnen, die uns im Kopf freimachen sollten. Zum Beispiel, dass in anderen europäischen Ländern die wenigsten Frauen Teilzeit arbeiten und es den Kindern gut damit geht.

Interessant auch: Der Fachkräftemangel und der Kampf um die guten Mitarbeiterinnen ist aktueller denn je und die meisten Unternehmen suchen verzweifelt nach geeignetem Personal. Wir werden uns also zunehmend die Arbeitgeber aussuchen können und somit hast du auch die Wahl, dich für ein familienfreundliches Unternehmen zu entscheiden. Das staatliche Gütesiegel „Familienfreundliches Unternehmen", das es in Österreich und Deutschland gibt, kann dir dabei behilflich sein. Und diverse Bewertungs-Plattformen für Unternehmen durchleuchten die Arbeitsplatzbedingungen genau. Ich gehe davon aus, dass Betriebe mit starren Arbeitszeiten, fehlenden Homeoffice-Möglichkeiten sowie nur Männern in der Führung zunehmend Schwierigkeiten haben werden, neue Leute zu gewinnen.

Und Frauen sollten unbedingt gute Netzwerke bilden. Ich beobachte in meinem privaten Umfeld, dass sich Mütter sehr gut gemeinsam organisieren. Sie sprechen sich in puncto Abholen der Kinder ab oder übernehmen wechselweise die Betreuung des Nachwuchses der Nachbarinnen. Im beruflichen Umfeld sieht es anders aus – es besteht hier Nachholbedarf, um den starken Männer-Netzwerken Paroli zu bieten.

Es hat mich sehr gefreut, dass im Juni 2022 die EU eine verpflichtende Quote für Frauen in den Vorständen und Aufsichtsräten von börsennotierten Unternehmen eingeführt hat. Das ist ein wichtiger Schritt mit Signalwirkung und sollte ein externes Hindernis aus dem Weg schaffen.

Wie schon erwähnt, brauchen wir für echte, nachhaltige Veränderung Maßnahmen sowohl in der Gesellschaft als auch in den Betrieben. Keine Frage. Packen wir es an. Es kann dann mal losgehen.

11.3 Tipps und Tools gegen Barrieren im Kopf

Kommen wir nun noch mal auf die Hindernisse, die du dir sozusagen selbst auftürmst. An denen kannst und an denen solltest du arbeiten, die kannst und solltest du zum Verschwinden bringen oder sie zumindest deutlich verkleinern. Dafür nun einige Tipps und Tools.

Arbeite an dir und deinem Mindset

In Kap. 12 werde ich ausführlicher auf das Tool Mentaltraining eingehen. An dieser Stelle nur so viel (ich wiederhole mich, aber das ist beabsichtigt, denn das Thema hat überragende Bedeutung):

- Was du glaubst, fühlst und denkst, liegt zu 100 % in deinem Einflussbereich!

- Arbeite fokussiert an deinem Blick auf das halb volle Glas, also daran, es als ein solches und nicht als ein halb leeres zu sehen!
- Übernimm die Verantwortung für dich und dein Leben. Du sitzt am Lenkrad und steuerst genau dorthin, wohin du willst.

Mache den Realitätscheck

Wir versuchen oft, „alles" unter einen Hut zu bekommen, und vergessen dabei den Blick auf die Wirklichkeit. Wir brauchen also ab und an einen Realitätscheck, um zu erkennen, dass unser Tagesplan völlig unrealistisch ist. Acht Stunden Arbeit, dann noch Qualitäts-Zeit für das Kind beziehungsweise die Kinder, Management des Haushaltes, Treffen mit Freundinnen, Hobbys … und eine ausreichende Menge an Schlaf ist auch vonnöten. Wir benötigen kein Mathematikstudium, um zu erkennen, dass dieses Pensum häufig nicht zu schaffen ist.

Setze dir bitte zwar hohe, doch erreichbare Ziele. Denke immer daran: Du bist kein Wesen mit übermenschlicher Energie, sondern letztlich auch „nur" eine Frau mit ganz normalen Bedürfnissen.

Wenn du innerlich unzufrieden bist und Interesse an einem Tool für mehr *„Balance deiner unterschiedlichen Rollen"* hast, dann gebe ich dir dieses Video als Unterstützung mit. Es gibt 5 Rollen, die nur von dir und subjektiv betrachtet in Balance gebracht werden können – für deine eigene innere Zufriedenheit. Hier der Link: https://femalewakeupcall.com/5-rollen-fur-balance-im-leben/.

Hohe Ansprüche sind gut UND manchmal ist weniger mehr!

Es ist gut, wenn du gerne „gut sein" möchtest. Hohe Ansprüche an dich selbst und der innere Ansporn, sie zu erfüllen, werden dich weit bringen. Als Mutter in einer Führungsposition kann dich das Gut-sein-Wollen aber manchmal überfordern. Es gilt zu lernen, ab und an mit weniger zufrieden zu sein. Mir hat in diesem Zusammenhang ein Satz sehr geholfen, den ich von einem Start-up gehört habe: *„Better done than perfect!"*

Ich möchte dir keineswegs deine hohen Ansprüche ausreden. Im Gegenteil. Du solltest dir nur bewusst machen, dass die Entscheidung immer bei dir liegt. Die Entscheidung darüber, wann du gerne 100 %

geben willst und wo und wann du mit 80 % (oder weniger) zufrieden bist.

Für mich persönlich befand und befindet sich die Trennlinie zwischen 100 % und weniger meist zwischen Beruf und Haushalt. Im beruflichen Kontext habe ich höchste Ansprüche und möchte davon nicht abweichen. Ich gebe jeden Tag mein Bestes. Dafür habe ich gelernt, mit weniger Ordnung in der Wohnung oder auch mal Chaos im Haushalt zu leben. Das zu ertragen, fällt mir offenbar leichter, als im Beruf auf zum Beispiel 90 % zu reduzieren. Wie es bei dir aussieht, kannst natürlich nur du selbst entscheiden.

Mehr Vertrauen in sich selbst und die eigenen Fähigkeiten
Ich empfehle allen Frauen, immer wieder bewusst den Fokus auf die eigenen Fähigkeiten und Talente zu legen. Einfache Übungen für jeden Tag:

- Reflektiere jeden Abend, was heute gut gelaufen ist und worauf du stolz bist. Damit lenkst du deine Gedanken auf das Positive und deine Erfolge.
- Du kannst auch deine Kinder jeden Abend fragen: „Was war heute das Schönste für dich?" Die Antworten des Nachwuchses darauf sind immer wieder spannend.
- Fertige eine Mindmap an. Nimm dir einen DIN-A4-Zettel und schreibe deinen Namen in die Mitte des Blattes. Dann schreibe sternenförmig darum herum alle deine Talente, positiven Eigenschaften und Stärken auf. Falls dies schwierig für dich ist, frage Freund:innen, Kolleg:innnen und deinen Partner nach ihrer beziehungsweise seiner Meinung. Sei neugierig wie ein „kleines" Kind und lasse dich überraschen.

》》 Think BIG and start small!

Eine Geschichte über den eigenen Wert

Ein Vater sagte seiner Tochter: „Du hast das Gymnasium abgeschlossen, hier ist ein Auto, das ich vor Jahren gekauft habe. Es ist jetzt schon etwas älter, aber bevor ich es dir gebe, fahre zum Gebrauchtwagenhändler und sage ihm, dass du es verkaufen willst, und frage, wie viel sie dir dafür bieten."

Die Tochter ging zum Gebrauchtwagenhändler, kehrte zu ihrem Vater zurück und sagte: „Sie boten mir nur 1000 €, weil das Auto ziemlich abgenutzt aussieht." Der Vater sagte: „Bringe es zum Pfandhaus." Die Tochter ging ins Pfandhaus, kehrte zu ihrem Vater zurück und sagte: „Das Pfandhaus bot nur 100 € an, weil es ein altes Auto ist."

Der Vater bat seine Tochter, jetzt in einen Autoclub zu gehen und dort das Auto zu zeigen. Die Tochter brachte das Auto dorthin, kam zurück und sagte ihrem Vater: „Einige Leute im Club boten 100.000 € dafür, weil es sich um eine Rarität handelt, die bei Sammlern sehr gefragt ist!"

Nun sagte der Vater zu seiner Tochter: „Am richtigen Ort wirst du auf die richtige Art und Weise geschätzt. Wenn du nicht geschätzt wirst, sei nicht böse, es bedeutet nur, dass du am falschen Ort bist. Diejenigen, die deinen Wert kennen, sind diejenigen, die dich schätzen ... Bleibe niemals an einem Ort, an dem niemand deinen Wert sieht."[1]

Erkenne deine eigenen Vorurteile

Du kennst aus Kap. 8 schon den kostenlosen Test, mit dem du deine eigenen unbewussten Vorurteile (unconscious bias) aufdecken kannst. Vorurteile gegenüber Rassen, Religionen, einer Hautfarbe, einem bestimmten Geschlecht. Dieser Test gehört auch an diese Stelle, an der wir uns mit den Barrieren im eigenen Kopf befassen, denn: Voreingenommenheit bremst dich aus. Gehe dagegen an, wobei der erste Schritt ist, sie dir bewusst zu machen.

Führe dich selbst und du kannst andere führen

Ich empfehle allen Menschen, den eigenen Rucksack aufzuräumen und zu sortieren. Wir unterscheiden zwischen Fach-, Sozial- und Selbstkompetenz (siehe Abb. 11.2): In der Schule und im Studium erwerben

---

[1] Die Geschichte wird in verschiedenen Sozialen Medien geteilt.

Führungskompetenzen

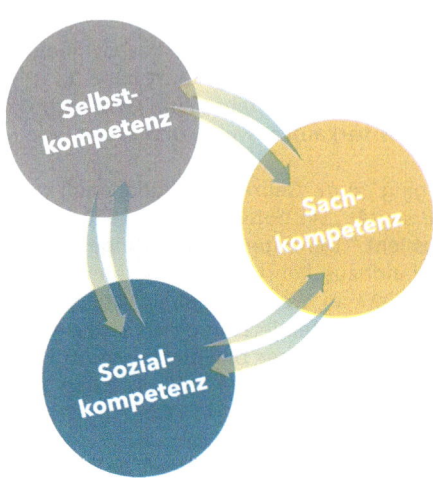

Abb. 11.2 Führungskompetenzen. (Quelle: Institut Kutschera. © Maren Wölfl 2022. All Rights Reserved)

wir fachliches Wissen und Können. Wenn wir Führungskraft werden, dann sollten wir unbedingt Zeit in die Stärkung unserer sozialen Fähigkeiten investieren, aber ebenso in den Aufbau von Selbstkompetenz. Du möchtest wissen, ob du diese besitzt? Dann beantworte dir folgende Fragen. Je leichter dir das fällt und je mehr du dazu sagen kannst, desto mehr weißt du über dich Bescheid.

- Wie ticke ich?
- Was ärgert mich und was motiviert mich?
- Kenne ich meine förderlichen und meine hinderlichen Muster?
- Welche Werte bestimmen mein Leben und sollten in meine täglichen Entscheidungen einfließen?
- In welche negativen Muster tappe ich in stressigen Situationen immer wieder?
- Welche Eigenschaften an anderen Menschen ärgern mich besonders und was hat das mit mir zu tun?

- In welchen Situationen verurteile ich andere Menschen besonders stark?
- Wie behandle ich mich selbst und wie rede ich mit mir?
- Welche Barrieren behindern mich immer wieder, wenn es darum geht, meine Ziele zu erreichen?

Habe Mut, deiner Intuition zu vertrauen
So oft erlebe ich Menschen, die gerne etwas tun möchten und es dann doch nicht umsetzen. So werden Träume und Visionen nie zur Realität, sondern verbleiben im Verborgenen. Es gibt zwar eine innere Stimme, die uns oft den richtigen Weg weist, den Weg, der uns an unsere Ziele führt. Doch es ist oft eine ruhige und leise Stimme, die sich leicht von Ängsten und Sorgen übertönen lässt.

Bitte vertraue dieser inneren Stimme. Deine Intuition hat immer recht.

In der Business-Welt haben Managerinnen häufig enorm viele Daten, Fakten, KPIs im Kopf. Sie sind mit so vielen Informationen „abgefüllt", dass es ihnen manchmal schwerfällt, eine datenbasierte Entscheidung zu treffen. Stellst du das bei dir fest, dann ist es Zeit für eine höhere Instanz, nämlich das Bauchgefühl oder die Intuition (oder wie auch immer du es nennen möchtest).

Übernimm die Verantwortung für dich selbst und dein Leben
Kennst du das? Wenn etwas nicht so läuft, wie du es dir vorgestellt hast, fühlst du dich als „Opfer" oder als „die Arme". Du empfindest dann „die anderen" als gemein oder blöd. Die Chefin erkennt deinen Einsatz nicht oder die Kollegin reagiert nicht auf die E-Mail. Die fehlende Kinderbetreuung oder dass deine Kids keine Großeltern in der Nähe haben, hindert dich am Aufstocken deiner Arbeitsstunden. Dein Leben wäre so viel einfacher, wenn die anderen anders wären. Alles wäre anders, wenn der Tag mehr Stunden hätte oder dein Unternehmen nicht immer so viele Meetings ansetzen würde.

STOP! Diese Gedanken behindern dich. Sie sind nicht förderlich für deine persönliche Weiterentwicklung. Es ist leichter, die Verantwortung bei den anderen zu suchen oder dem Umfeld die Schuld zu geben. Aber es führt dich nirgendwohin.

Mache dir klar: Du bist verantwortlich dein Wohlbefinden und dein Glück. Du allein und keine andere Person!

Sei nett zu dir selbst

Zum Schluss, aber deswegen nicht weniger wichtig: Bitte kümmere dich gut um dich selbst und rede liebevoll mit dir (siehe auch Kap. 5). Ich kenne so viele Frauen, die sehr selbstkritisch sind, ja, die heftige Dialoge mit sich führen, in denen sie sich selbst beschimpfen.

Ein Beispiel: Eine Freundin rief mich an und erzählte mir von einer Idee, die sie vor einigen Monaten gehabt habe. Sie hatte sie nicht im Unternehmen eingebracht und nun hatte sie eine andere Person umgesetzt. Die Freundin sagte zu mir: „Ich bin einfach eine blöde Kuh. Wie konnte ich nur so doof sein. Ich bin so eine Idiotin!"

Da stockte mir wieder einmal der Atem. Niemals würden wir in dieser Art und Weise mit anderen Personen reden. Dennoch benutzen wir Schimpfwörter wie „blöde Kuh" ohne viel Nachdenken uns selbst gegenüber.

Meine Bitte an dich: Sei nett zu dir und behandle dich selbst so, wie du eine gute Freundin behandeln würdest. Überlege dir mal, was du einer Bekannten sagen würdest, wenn sie dir die gerade erwähnte Geschichte erzählen würde? Wahrscheinlich etwas in dieser Richtung: „Das tut mir leid für dich. Doch du bist natürlich keine Idiotin. Wer weiß, für was es gut ist, dass es so gelaufen ist. Und beim nächsten Mal machst du es einfach besser!" – Das motiviert und genauso solltest du deshalb auch mit dir selbst reden, wenn etwas nicht gut für dich gelaufen ist.

> Es gibt interne und externe Hindernisse auf deinem Lebensweg. Schaue dir vor allem die Barrieren in deinem Kopf an, reflektiere sie und bearbeite sie. Das kannst du, denn sie liegen in deinem Einflussbereich. Die äußeren Faktoren wie Vorurteile anderer, fehlende Kinderbetreuung, keine Flexibilität im Unternehmen können von uns nicht geändert werden. Hier ist es nur möglich, Möglichkeiten zu suchen, damit umzugehen, was auch oft einen Wandel deines Mindsets erfordert. Motto: Ich kann den Wind nicht ändern, nur meine Segel anders setzen!

Literatur

Jack Zenger, Joseph Folkman (2019) Research: Women Score Higher Than Men in Most Leadership Skills. Harvard Business Review. https://hbr.org/2019/06/research-women-score-higher-than-men-in-most-leadership-skills. Zugegriffen: 21. Juli 2022

United Nations Development Program (2020) Almost 90% of Men/Women Globally Are Biased Against Women. https://www.undp.org/press-releases/almost-90-men/women-globally-are-biased-against-women. Zugegriffen: 21. Juli 2022

Wikipedia Paretoprinzip. https://de.wikipedia.org/wiki/Paretoprinzip. Zugegriffen: 21. Juli 2022

Wikipedia Rabenmutter. https://de.wikipedia.org/wiki/Rabenmutter. Zugegriffen: 21. Juli 2022

12

Tool Mentaltraining – Werkzeuge für tolle Mamas und beruflichen Erfolg

》 Denkt daran, zu den Sternen hinaufzuschauen und nicht hinunter auf eure Füße. Versucht zu verstehen, was ihr da seht. Fragt euch, warum das Universum existiert. Seid neugierig. Wie schwierig das Leben manchmal auch sein mag, es gibt immer etwas, das ihr tun und womit ihr erfolgreich sein könnt. Alles, was zählt, ist, dass man nicht einfach aufgibt.

Stephen Hawking

Dieses kurze Kapitel stellt Mentaltraining und die Mindset-Arbeit als wichtige Tools vor. Das fokussierte Ausrichten deiner Gedanken ist ein erprobtes Mittel aus dem Spitzensport, das wir uns im Business auch aneignen können. Ich werde einige Werkzeuge zum einfachen Implementieren für den Alltag erläutern.

M. Wölfl, *Kind und Karriere – es geht beides!*,
https://doi.org/10.1007/978-3-662-66087-4_12

Zunächst eine Definition aus Wikipedia: „Als Mentales Training oder Mentaltraining wird eine Vielfalt von psychologischen Methoden bezeichnet, welche das Ziel verfolgen, die soziale Kompetenz und die emotionale Kompetenz, die kognitiven Fähigkeiten, die Belastbarkeit, das Selbstbewusstsein, die mentale Stärke oder das Wohlbefinden zu fördern oder zu steigern. Mentaltrainings bedienen sich hierbei des Trainingsprinzips: Durch gezielte, mit Emotionen verbundene und wiederholte Reize auf mentaler Ebene (zum Beispiel die Arbeit mit Wahrnehmungs- und Bewusstseinszuständen) wird das Erreichen von Trainings-Effekten sowie eine verbesserte Selbstwirksamkeit auf körperlicher, emotionaler und geistiger Ebene angestrebt."

Wir haben es jetzt schon des Öfteren thematisiert: Als Frau, Mutter und Führungskraft bist du täglich mit vielen Herausforderungen konfrontiert. Die Erwartungen an dich sind hoch. Es gilt, viele Rollen zu spielen, viele Aufgaben zu erfüllen, täglich eine ganze Reihe von Entscheidungen zu treffen. Du setzt Prioritäten, du machst für jeden Tag einen Plan. In der Regel ist enorm viel zu tun – oder genauer: Du hast enorm viel zu tun. Meist schaffst du nicht alles hundertprozentig, die Wohnung ist ein kunterbuntes Durcheinander.

Du hast bestimmte Vorstellungen in deinem Kopf, wie du zu sein und zu funktionieren hast. Da sind auch hinderliche Muster und Denkweisen in deinem Oberstübchen. Vielleicht ziehst du immer wieder sozusagen eine gläserne Decke ein, die dich von einem zufriedenen und erfolgreichen Leben trennt.

Oder du versuchst seit langer Zeit, ein Ziel zu erreichen, und es gelingt dir einfach nicht. Hier kannst du genauso wie im Bereich Selbstfürsorge (Kap. 5) von Spitzensportler:innen lernen. Die trainieren täglich nicht nur ihren Körper, sondern auch die eigene Psyche, um Bestleistungen abzurufen. Unter anderem richten sie ihre Gedanken auf das Positive aus.

Ich möchte gerne einige Werkzeuge mit dir teilen, mit denen du gegen die gläserne Decke angehen kannst.

Erinnere dich an Kap. 11:

Was du denkst, glaubst oder fühlst, liegt zu 100 % in deinem Einflussbereich.

Die Macht deiner Gedanken

Bei dieser Übung wird dir bewusst, wie mächtig deine eigenen Gedanken sind. Oft glauben wir nicht, etwas Tolles erreichen zu können. Das scheint uns zu weit weg, scheint außerhalb unserer Möglichkeiten zu liegen. Doch visualisiere dir deine ehrgeizigen Ziele, stelle sie dir mit vielen Details vor und träume davon. Schicke diese Vorstellungen in die Zukunft und bleibe neugierig. Du darfst gespannt sein, was das bewirkt. Hier einfach mal ausprobieren: https://femalewakeupcall.com/macht-der-gedanken/.

Future CEO

Ich war mit meiner neunjährigen Tochter in einem kleinen Geschäft einkaufen. Während ich die Mode in der Damenabteilung durchsah, durchforstete sie die Kinderklamotten. Auf einmal stand sie neben mir und wollte, dass ich unbedingt und sofort mitkomme. Es gebe da ein tolles T-Shirt und das müsse sie mir unbedingt zeigen. Ich vertröstete sie kurz und zwei Minuten später stand sie wieder neben mir. Ich gab mich geschlagen und folgte ihr. Sie zeigte auf ein dunkelblaues T-Shirt, das sie unbedingt haben wollte. „Mama, was steht da drauf?" Sie konnte den Text nicht entziffern und ich musste lachen, als ich ihn sah. Ich erklärte ihr, dass auf dem T-Shirt FUTURE CEO stehe. „Dieses T-Shirt tragen Mädchen, die später mal Chefin werden wollen", erklärte ich ihr. Meine Tochter strahlte mich an und sie trug dieses Kleidungsstück viele Jahre mit großem Stolz. Ihr ist klar, dass sie es weit bringen wird und ihr alle Türen offenstehen.

Wie voll oder leer ist dein Glas?

Oft lenken wir den Blick auf halbleer Gläser und haben den Fokus damit beim Negativen. Wir sagen dann Sätze wie:

- Ich kann das nicht.
- Das geht nicht.
- Das geht nicht und kann auch nie gehen.
- Es spricht alles dagegen.
- Ich habe zu wenig Zeit.
- In Zukunft wird alles schlechter.

Wenn auch du immer wieder in diesen Denkschleifen hängst, dann ändere deine Sichtweise. Betrachte das Glas als halbvoll statt als halbleer – so, wie es Abb. 12.1 zeigt.

Wenn du diese Perspektive zu deiner machst, dann wirst du Gedanken haben wie:

- Ich kann das.
- Da gibt es Möglichkeiten.
- Es geht immer irgendwie.
- Es wird sicher gehen.

Wann ist dein Glas ... halbvoll ... oder ... halbleer?

Halbvoll:
- was geht
- ich kann das
- dafür spricht ...
- genug Zeit
- in Chancen denken

Halbleer:
- was nicht geht
- ich kann das nicht
- dafür spricht dagegen ...
- zu wenig Zeit
- in Problemen denken

1/2   1/2

Abb 12.1   Dein Blick auf das halbvolle Glas. (© Maren Wölfl 2022. All Rights Reserved)

- Dafür spricht einiges.
- Ich habe Zeit für Wichtiges.

Diese Denkweise ist Übungssache und es gilt, sein Gehirn immer und immer wieder darauf auszurichten. Das lohnt sich, denn so eröffnet sich dir täglich ein Meer an Optionen und Chancen.

Hier auch der Link zu einem Video, dass die halbvollen und -leeren Gläser nochmal veranschaulicht: https://femalewakeupcall.com/mentaltraining-uebung/.

Was wirklich wichtig ist

Ich saß auf dem Spielplatz mal neben einer älteren Dame. Sie war mit zwei kleinen Kindern da, die offenbar ihre Enkel waren. Am späteren Nachmittag meinte ich: „Ich muss dringend nach Hause und aufräumen!"

Ihre Antwort: „In 20 Jahren werde ich nicht daran denken, ob die Wohnung an diesem Tag im Mai sauber war. Sondern ich werde mich daran erinnern, dass ich eine tolle Zeit mit meinen Enkelkindern hatte."

Diese Antwort merkte ich mir und ich rufe mir sie oft in Erinnerung.

Gitterstäbe

So oft drehen sich unsere Gedanken um das, was uns scheinbar einschränkt. Die hohen Anforderungen im Unternehmen, die fehlende Kinderbetreuung im Ort, das traditionelle Rollenbild mit seinen negativen Auswirkungen und vieles andere mehr. Mit dieser Denkweise fokussieren wir uns auf die Hindernisse und Barrieren. Ich nenne diese oft die „Gitterstäbe", weil sie uns innerlich einsperren und unsere Gestaltungsmöglichkeiten einengen.

Mein Tipp: Egal, wie dick oder dünn du dir diese Gitterstäbe vorstellst, zwischen ihnen gibt es kleine oder große Zwischenräume. Und auf diese Zwischenräume solltest du dich konzentrieren. Sie stehen nämlich für deine Chancen, für die vielen Wege, die du gehen kannst. Wenn du die in den Blick nimmst, hast du beste Voraussetzungen, die täglichen Herausforderungen zu meistern. Viel Spaß dabei.

(Wobei ich nicht behaupten will, dass es stets leicht sein wird.)

Zielbilder

Von Spitzensportler:innen wissen wir, dass sie mit Zielbildern arbeiten. So stellt sich eine Skifahrerin vor, dass sie bei den Olympischen Spielen eine Goldmedaille im Slalom gewinnt. Sie reist mental immer wieder in die Zukunft und freut sich auf dieses Ereignis. Unser Gehirn vermischt Wunsch und Wirklichkeit, unterscheidet nicht zwischen tatsächlichem Ereignis und intensivem Traum. Nutze das für deine Wünsche! Stelle dir vor, du hättest sie dir bereits erfüllt. Und wenn dein Kopf Einwände hat, wenn Sorgen auftauchen, dann arbeite daran, indem du dich auf unterschiedliche Szenarien einstellst. Natürlich muss das Ziel attraktiv sein, damit es dich anzieht wie ein Magnet. Verwende das Tool der Zielbilder sowohl im Business als auch privat!

Übung macht die Meisterin

- Hast du demnächst eine wichtige Präsentation, stelle dir vor, dass du selbstbewusst und ruhig vor deinem Publikum stehst. Steige mental in diese Situation ein, schaue dir die Zuhörer:innen an und „zaubere" gezielt deine negativen Gedanken, Ängste und Sorgen weg.
- Du hast ein Feedback-Gespräch mit deiner Führungskraft. Überlege dir vorab dein persönliches Ziel für dieses Meeting, gehe in Gedanken die Unterhaltung und mögliche Themen durch. Das ist wie ein Trockentraining für dein Gehirn.

Unterschied zwischen Problem und Restriktion

Mir erscheint der Unterschied zwischen einem Problem und einer Restriktion hilfreich. Oft erzählen mir Kundinnen von einer scheinbar nicht zu bewältigenden Herausforderung. Sie fühlen sich hilflos und wissen nicht, was sie tun sollen.

Sollte es sich um ein Problem handeln, so gibt es grundsätzlich eine Lösung, auch wenn die vielleicht aufwendig und zunächst unrealistisch erscheint. Beispiele hierfür sind Konflikte mit anderen Personen, die schwierige Suche nach einer neuen Wohnung oder Differenzen mit einem Lehrer der Kinder.

Für eine Restriktion gibt es nach menschlichem Ermessen keine Lösung. Zumindest liegt diese nicht in deinem Einflussbereich. Der Klassiker einer Restriktion ist das Wetter, über das sich viele Menschen immer wieder beschweren, obwohl sie es nicht ändern können. Oder: Du möchtest gerne, dass dein Partner abnimmt? Sorry, auch das ist eine Restriktion.

Hast du eine Auseinandersetzung (Problem!) mit einer Kollegin, dann könnt ihr gemeinsam eine Lösung finden, aber es wird dir nicht möglich sein, die Kollegin zu verändern (Restriktion!).

Wichtig ist, dass du bei einer Restriktion traurig, wütend oder verletzt sein darfst – ja natürlich. Du darfst auch hoffen, dass sich die Dinge mal ändern werden, dass also etwa dein Partner aus eigenem Antrieb abnimmt oder die Kollegin ihr eigenes Verhalten reflektiert. Aktiv beeinflussen aber kannst du das nicht, auch wenn dir das manchmal so vorkommen mag. Also gilt für Restriktionen:

» Hinfallen, Aufstehen, Krone richten und weitergehen!

Guter oder schlechter Tag

Meist haben wir gute Tage und ab und an auch einen schlechten. Schon Paul Watzlawick beschrieb in seinem Buch „Anleitung zum Unglücklichsein" (*Paul* Watzlawick, 2021) unsere subjektive Wahrnehmung der Geschehnisse. An guten Tagen sind die Ampeln grün, die Kolleg:innen mir wohlgesonnen und der Meetingraum ist rechtzeitig frei. An schlechten Tagen fokussieren wir uns unbewusst auf die negativen Ereignisse, sodass uns genau an diesem Tag die U-Bahn vor der Nase wegfährt, die offene Handtasche runterfällt und alles auf dem Boden landet oder ausgerechnet dann die Kaffeemaschine ihren Dienst verweigert, wenn wir Besuch bekommen.

Als Eltern wissen wir, dass unsere Kinder intuitiv spüren, ob wir einen guten oder schlechten Tag haben. An guten Tagen geht alles leicht von der Hand und auch der Trotzanfall des Sohnes bringt uns nicht aus der Fassung. An schlechten Tagen ist den Kindern langweilig, sie wollen ihre Hausaufgaben nicht machen und uns geht „alles" auf die Nerven.

Als Erwachsene haben wir die Möglichkeit, aus einem schlechten Tag einen guten zu machen. Wir können uns bewusst um unsere Haltung und Stimmung kümmern – und so eine Negativspirale stoppen. Dafür gibt es allerdings kein Patentrezept. Was funktioniert, ist personen- und situationsabhängig. Probiere einfach mal aus, was für dich passt. Ein paar Ideen von meiner Seite:

- Ändere bewusst deine Umgebung und lenke dich ab. Das kann ein Gespräch mit einer Kollegin im Büro sein oder am Nachmittag ein kurzer Spaziergang. Oder gehe einfach kurz an die frische Luft und atme zehnmal tief ein und aus.
- Duschen ist für viele Menschen hilfreich. Es entspannt und sie stellen sich vor, wie das Wasser auch ihre negativen Gedanken und die schlechte Stimmung „wegwäscht".
- Eine Aktivität, die dir Freude bereitet, ist auch eine Möglichkeit, um gezielt deine Stimmung zu verbessern. Schaue dir einen Film an, den du magst, fröne deinem Hobby oder spiele ein Brettspiel mit den Kindern.

Vier wichtige Tools, um deine Gedanken zu trainieren und Ihr dein Mindset zu schulen

- Fokussiere dich auf dein halb volles Glas!
- Male ein positives und erstrebenswertes Bild deiner Zukunft!
- Verändere ein Problem und lebe mit einer Restriktion!
- Ändere bewusst deine Stimmung!

Literatur

Wikipedia Mentales Training. https://de.wikipedia.org/wiki/Mentales_Training. Zugegriffen: 21. Juli 2022

Paul Watzlawick, Anleitung zum Unglücklichsein, 2021, Piper

13

Die einzige Frau im Team: Sei mutig und bleib dir und deinen Werten treu

>> Das habe ich noch nie versucht, also bin ich völlig sicher, dass ich es schaffe.

Pippi Langstrumpf

Viele meiner Kunden halten mir, wenn es um mehr Frauen in Führungspositionen geht, entgegen: „Wir haben ja eine Frau im Vorstand!" Wie geht es nun dieser einen Frau, die umgeben ist von meist sehr selbstbewussten männlichen Vorständen, in den Meetings? Wie geht es einer Frau, die arbeitet, während sich der Partner in Vollzeit um die Kinderbetreuung und den Haushalt kümmert? Wie geht es dem Vater, der auf dem Spielplatz nur Frauen trifft?

Das Gefühl, ein „Alien" zu sein, verbindet diese Menschen. Sie fühlen anders, denken anders, leben anders und sehen Themen anders als viele andere. Wir benötigen solche Frauen und Männer, die ein anderes Lebensmodell vorführen, als Vorreiter:innen, als Vorbilder – auch und gerade für die jüngere Generation.

M. Wölfl, *Kind und Karriere – es geht beides!*,
https://doi.org/10.1007/978-3-662-66087-4_13

Vor allem die weiblichen Aliens möchte ich in diesem Kapitel gerne stärken und ihnen Mut geben. Für Veränderung ist es nicht hilfreich, wenn sich die Frauen der Männerwelt anpassen. Wir benötigen innerlich starke Frauen, die ihren Weg gehen und dabei authentisch bleiben und ihre Werte leben – das ist nicht immer einfach, aber sehr lohnenswert.

Film Purl von Pixar Studios

An dieser Stelle möchte ich gerne einen Kurzfilm von Pixar empfehlen. Er dauert acht Minuten und handelt von einem „rosaroten Wollknäuel" namens Purl, das seinen ersten Arbeitstag in einem männerdominierten Unternehmen hat. Purl richtet sich ihren Schreibtisch mit vielen „weiblichen" Utensilien ein, versucht aber, sich zu integrieren. Sie ist umgeben von selbstbewussten Männern in dunklen Anzügen, die Witze erzählen und Purl in Meetings nicht zu Wort kommen lassen. Ihre Vorschläge werden nicht gehört und abends gehen die Männer alleine auf ein Bier. Purl ist traurig und überlegt, was sie für mehr Anerkennung und Sichtbarkeit im Unternehmen tun könnte. So wird aus dem rosaroten Wollknäuel eine gestrickte Anzugträgerin in Schwarz und Weiß. Purl hat sich äußerlich der Umgebung angepasst und sie eignet sich männliche Verhaltensweisen an, um als gleichwertig gesehen zu werden, weil sie keine Alternative erkennt. Erst als weitere bunte Wollknäuel die Arbeit in diesem Unternehmen beginnen, ändert sich das Bewusstsein. Purl erkennt, dass sie sich lange Zeit verstellt und mit einem Anzug eingeengt hat. Die Kultur im Unternehmen wird anders und bunter.

Ein schöner Film, wenn auch etwas stereotyp. Ich kenne einige Frauen, die beim Betrachten des Filmes Tränen in den Augen hatten. „So habe ich mich so oft schon gefühlt!"

Hier der Link zum Video auf Youtube: https://www.youtube.com/watch?v=B6uuIHpFkuo&t=1s (Pixar 2019).

Die einzige Frau in einem männerdominierten Team zu sein, ist eine schwierige Aufgabe. Diese zu erfüllen, benötigt jeden Tag Mut, Reflektion und eine große Portion Selbstvertrauen.

Laut Studien von McKinsey braucht die „einzige Frau im Team" ein Bewusstsein für folgende Tatsachen (Sneader und Yee 2019; McKinsey & Company 2021):

- Die Beurteilungen der einzigen Frau im Team werden öfter angezweifelt als in einem ausbalancierten Team.
- Die Frau in einem Männerteam wird öfter unterbrochen als andere.
- Es wird öfter gedacht, dass die einzige Frau weiter unten auf der Karriereleiter angesiedelt ist.
- Diese Frau sieht sich öfter mit herablassenden und diskriminierenden Äußerungen konfrontiert.
- Die eigenen Kompetenzen müssen weitaus öfter bewiesen werden als bei den Männern.

Wenn du eine berufstätige Mutter von kleinen Kindern UND die einzige Frau im Team bist, dann sind deine Herausforderungen noch größer, was Abb. 13.1 zeigt.

Solche Mütter fühlen sich eher ausgebrannt als die Männer, stärker beurteilt, machen sich mehr Sorgen um die Karriere, werden als weniger engagiert wahrgenommen und müssen mehr leisten, um gesehen zu werden.

Ich erlebe dieses Thema der einzelnen Person, die heraussticht, auch in anderen Bereichen. Beispiele dafür sind:

- Eine Frau aus einer Partnerschaft, in der die Mutter Karriere macht und der Mann für Haushalt und Kinderbetreuung zuständig ist.
- Eine Frau, die keine Kinder will.
- Ein Vater, der am Elternabend teilnimmt.
- Der einzige Mann nachmittags auf den Spielplatz, umgeben von Müttern und Omas.
- Die einzige dunkelhäutige Person im Raum.

All diese Menschen eint dasselbe Gefühl: Ich bin anders als die anderen und gehöre hier nicht wirklich dazu. Weil wir aber alle die Sehnsucht nach Zugehörigkeit spüren, verursacht das Unbehagen. Wie können wir dem begegnen, wie mit der Tatsache umgehen, die oder der „Einzige" zu sein?

Die einzige Frau im Team ist mit folgenden Herausforderungen konfrontiert (Angaben in %)
Status 2021

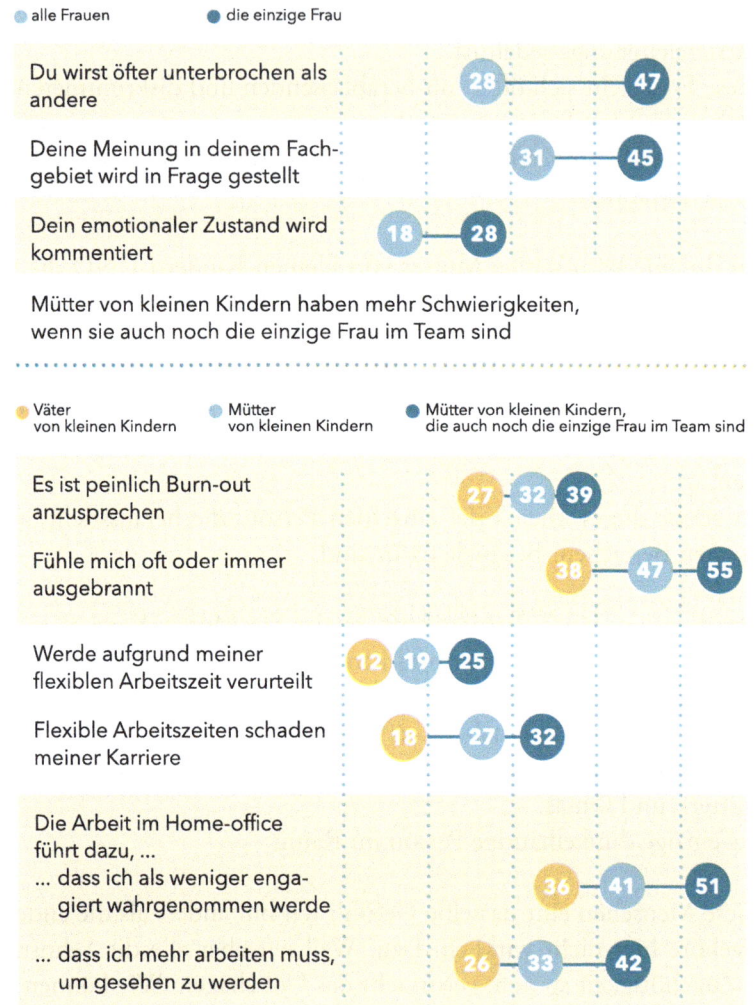

Abb 13.1 Wie geht es der einzigen Frau im Team. (Quelle: McKinsey, Women in Workplace, 2021. © Maren Wölfl 2022. All Rights Reserved)

13.1 „Die Einzige" sein – bewusst und reflektiert damit umgehen

Ich möchte mich hier auf die einzige Frau im Unternehmens-Umfeld beschränken, doch das damit verbundene Gefühl und die Strategien für den Umgang damit sind in anderen Fällen, in denen eine oder einer anders ist als die meisten, ähnlich. Der erste Schritt ist – wie so oft –, dir bewusst zu machen, dass an dir nichts falsch ist. Bist du die Einzige im Team, hast du definitiv eine schwierige Rolle.

Und es sind mehr Frauen, die diese Rolle spielen, als wir vielleicht glauben. Etwa 20 % der für den McKinsey-Report „One is the loneliest number" in Nordamerika befragten 64.000 Mitarbeiter:innen in 279 Unternehmen geben an, normalerweise die einzige Frau im Raum oder eine von wenigen Frauen zu sein. Diese Zahl variiert natürlich von Branche zu Branche und ist abhängig vom Management-Level. Etwa 45 % aller dunkelhäutigen Frauen berichten, die „Einzige" zu sein, jedoch nur 7 % aller Männer.

Frauen erzählen mir, dass sie als einzige Frau im Team für das Schreiben des Protokolls zuständig sind und für das Besorgen der Getränke. Beim Smalltalk über Autos oder ein Fußballspiel vor den Meetings gähnen die Frauen innerlich und sind nicht dabei. Die meisten gehen auch abends nicht mit zum Essen oder verabschieden sich früh. Wie folgendes Beispiel zeigt, sollten sich die „Solo-Frauen" nicht alles gefallen lassen und es sollten möglichst auch deren Kollegen eingreifen.

Auch eine späte Reaktion hilft

Eine meiner Klientinnen, nennen wir sie Andrea, war in einem Meeting der Geschäftsführung die einzige Frau. Ein Kollege, sein Name sei Max, hatte sie bereits einige Male unterbrochen (es passiert übrigens laut Studien sehr oft, dass im Business Männer Frauen unterbrechen) und irgendwann sagte er zu ihr: „Kannst du endlich mal die Klappe halten!" Die anderen vier Männer waren so überrascht, dass alle kommentarlos weitergearbeitet haben. Andrea war ebenfalls sprachlos und schaffte es nicht, etwas zu erwidern. Später riefen die vier Kollegen bei ihr an: Das Verhalten von Max sei nicht okay gewesen und einer der anwesenden Partner hat im Anschluss ein 1:1-Gespräch mit ihm geführt. – Es muss also

> nicht immer gleich eine Reaktion kommen ... manchmal ergibt sie sich erst
> später und hilft auch dann.

Welches Bewusstsein benötigen wir also in den Unternehmen? Zunächst einmal muss klar sein, dass eine einzige Frau nicht ausreichend ist. Viele Unternehmen zeigen stolz ihre Frau im Vorstand vor und sind der Meinung, dass sie damit bereits alles richtig gemacht und einen genügend großen Beitrag zur Veränderung geleistet haben. Dem möchte ich jedoch an dieser Stelle vehement widersprechen. Für einen nachhaltigen Wandel benötigen etwa einen Frauenanteil von 30 % in den Führungs-Teams, denn erst dann setzt der berühmte Schneeballeffekt ein.

Dies betone ich auch immer wieder, wenn Arbeitsteams eingeteilt werden. Man sollte dabei die Frauen nicht trennen, sodass in jeder Kleingruppe eine Frau ist. Es sollte lieber eine reine Frauengruppe zusammengestellt werden oder zumindest einige Gruppen mit etwa gleich vielen Frauen und Männern. Um solche Dinge zu gewährleisten, müssen die internen Prozesse im Unternehmen laufend evaluiert und angepasst werden.

13.2 Tipps für die einzige Frau im Team

Nun ein paar konkrete Tipps für dich, wenn du die einzige Frau in einem Team bist:

Sei dir bewusst, dass du ein Vorbild für deine Kolleginnen und Mitarbeiterinnen sowie dein Umfeld bist. Das ist eine wichtige Rolle! Du bist eine Vorreiterin und leistest einen großen Beitrag für eine bessere Zukunft. Du machst genau das, was *„Walk the Talk"* meint!

- Bleibe dir selbst treu, also passe dich nicht an die Männer im Team an!
- Reflektiere immer wieder deine Werte und das, was dir wichtig ist. Dein Verhalten sollte beides widerspiegeln.

- Als einzige Frau im Team ist es extrem wichtig, dass du ein Bewusstsein für deine Fähigkeiten und Stärken hast. Mache dir klar, dass deine Denkweise, Vorgangsweise und Vorschläge gut sind. Die anderen haben auch Ideen und die mögen anders sein. Stehe zu deiner Meinung, argumentiere für deine Überzeugung, sei innerlich „stark" und authentisch. Extrem wichtig ist, dass du dich nicht verbiegen lässt.
- Bleibe auch in Konfliktsituationen gelassen und ruhig – insbesondere dann, wenn die Männer oder auch nur ein Mann wie im Beispiel von Andrea dich mundtot machen wollen. Überlege dir zu Hause, quasi „im Trockentraining", einige Verhaltensweisen und Antworten, die für dich passen. Das hilft dabei, authentisch zu bleiben.
- Sage ruhig und respektvoll deine Meinung, wenn dir das wirklich ein Anliegen ist und es dir wichtig erscheint. Hier ist wahrscheinlich ein Verlassen deiner Komfortzone nötig. Sei dir bewusst, dass du daran wachsen und dabei lernen kannst.
- Suche dir Kolleginnen, die eine ähnliche oder identische Haltung haben wie du. Tausche dich mit ihnen aus und baue dir ein Netzwerk auf. Frage die anderen um Rat und um Empfehlungen für schwierige Situationen – doch dann gehe den Weg, der allein dein Weg ist.
- Sei dir bewusst, dass es immer wieder zu problematischen Momenten kommen kann. Du darfst verletzt sein, dich ärgern, deine Wut zeigen – das ist TOTAL okay. Doch finde Möglichkeiten, gut damit umzugehen, damit du nicht zu lange belastet wirst.
- Übe dich in Gelassenheit und nimm deine Position als einzige Frau im Team mit Leichtigkeit und Spaß an, statt sozusagen in den Kampf zu ziehen. Viele Dinge, die Männer sagen und machen, sind nicht böse gemeint. Sie können deine Lage nicht nachempfinden, weil sie Ähnliches nie selbst erlebt haben. Sie waren nie die Einzige!

Männern fehlt die Erfahrung, der Einzige zu sein

„Die Männer in meinem Team reden über die neuesten Autos. Sie setzen sich breitbeinig und mit hoch erhobenen Armen hin, sie breiten sich aus!" – So begann die Erzählung einer meiner Klientinnen, welche sie mit den

Worten „Top-Manager können eine sehr dominante Ausstrahlung haben"
schloss.

Ich sagte mal einem Vorstandsteam, das nur aus Männern bestand:
„Wenn eine Frau als Einzige im Team in einem Meeting mit euch sitzen
würde, kostete es sie entweder extrem viel Energie oder sie liefe davon."
Ich erntete ungläubiges Staunen und im Anschluss diskutierten wir. Es war
sehr spannend und mir wurde einmal mehr das klar, was ich in den Tipps
angeführt habe: Männer sind sich nicht bewusst, wie schwierig der Rolle
der einzigen Frau ist, da sie selbst nie in der Situation waren. Und viele
Frauen fühlen sich als Alien, weil sie einfach anders sind.

Die Rolle der einzigen Frau im Team ist keine leichte, was auch Studien
belegen. Um den Betroffenen die Situation mittel- bis langfristig zu
erleichtern, sollten zum einen Unternehmen Verbesserungen in die
Wege leiten sowie zum anderen die Frauen an sich und ihrer Einstellung
arbeiten. Gerade für weibliche Führungskräfte gibt es eine lange Liste an
Tipps und Tools, allen voran: Glaube an dich und deine Fähigkeiten und
bleibe dir selbst treu! – Auch wäre es wichtig, dass sich die Betriebe nicht
mehr, wie es jetzt häufig der Fall ist, mit nur einer Managerin begnügen.

Literatur

Kevin Sneader and Lareina Yee (2019) One ist he loneliest number. McKinsey
& Company. https://www.mckinsey.com/featured-insights/gender-equality/
one-is-the-loneliest-number. Zugegriffen: 21. Juli 2022

Mc Kinsey & Company (2021) Women in the Workplace. https://www.
mckinsey.com/featured-insights/diversity-and-inclusion/women-in-the-
workplace. Zugegriffen: 21. Juli 2022

Purl | Pixar SparkShorts (2019) https://www.youtube.com/watch?v=
B6uuIHpFkuo. Zugegriffen: 21. Juli 2022

14

Für Veränderung braucht es Mut: Mach's einfach!

>> Wenn du immer das tust, was du immer getan hast, wirst du immer das bekommen, was du immer hast.

Henry Ford

Ich hoffe, du bist beim Lesen dieses Buches auf den Geschmack gekommen und nun bereit, einige Bereiche in deinem Leben zu ändern, an deinem Mindset zu arbeiten, negative Glaubenssätze zu eliminieren. Für all diese Veränderungen brauchst du Mut und musst du deine Komfortzone verlassen. Viel Spaß dabei!

Ich will Veränderung, weil …
- ich mich schon lange über mich oder genauer meine hinderlichen Glaubenssätze ärgere,
- ich nur mehr funktioniere und im Hamsterrad laufe,
- ich mich gerne mehr um mich kümmern möchte;
- ich öfter NEIN sagen will, was ein JA zu mir selbst ist;

M. Wölfl, *Kind und Karriere – es geht beides!*, https://doi.org/10.1007/978-3-662-66087-4_14

- ich zu oft die Erwartungen der anderen erfülle und mich selbst vergesse,
- ich meiner Führungskraft ein negatives Feedback geben möchte,
- ich das nächste Mal im Meeting meine Meinung sagen und nicht ruhig sein möchte;
- ich mich endlich traue, Verantwortung einfach abzugeben und loszulassen;
- ich nicht mehr abends immer die Wohnung aufräumen will, obwohl ich schon hundemüde bin;
- ich keine Lust mehr habe, im Haushalt allein für alles zuständig zu sein;
- ich im Unternehmen aktiv nach einer Gehaltserhöhung fragen möchte.

Stimmst du einigen dieser oder vielleicht sogar allen Aussagen zu? Dann ist es Zeit, deine gewohnten und vielleicht lieb gewonnenen Muster zu verlassen und Neues auszuprobieren. In der Abb. 14.1 siehst du, dass du in der Komfortzone mit ihren Routinen alles unter Kontrolle hast und dich in vermeintlicher Sicherheit wiegst. Aber sage einmal ehrlich: Ist es nicht manchmal auch etwas langweilig und gibt es dir nicht ein Gefühl von Unzufriedenheit mit deinem Leben? Motto: Da muss es doch mehr geben!

Viele Menschen haben bei Veränderungen erst einmal Sorgen und Ängste. Gerade wir Frauen sind Meisterinnen im Finden von Ausreden, warum etwas nicht geht, und fühlen uns unsicher, sobald etwas anders läuft als gewohnt. Aus diesem Grund ist die Gefahr eines Abbruchs am Beginn eines Veränderungsprozesses am größten. Bitte mache dir deshalb bewusst, dass ein Großteil der Ängste nur in deinem Kopf existiert und mit der Realität nichts zu tun hat. Du wirst sie damit nicht wegzaubern, es aber schaffen, anders damit umzugehen. Probiere es aus!

》 **Wenn nicht jetzt, wann dann?**
Songtitel der Gruppe De Höhner

Zum Lernen die Komfortzone zu verlassen

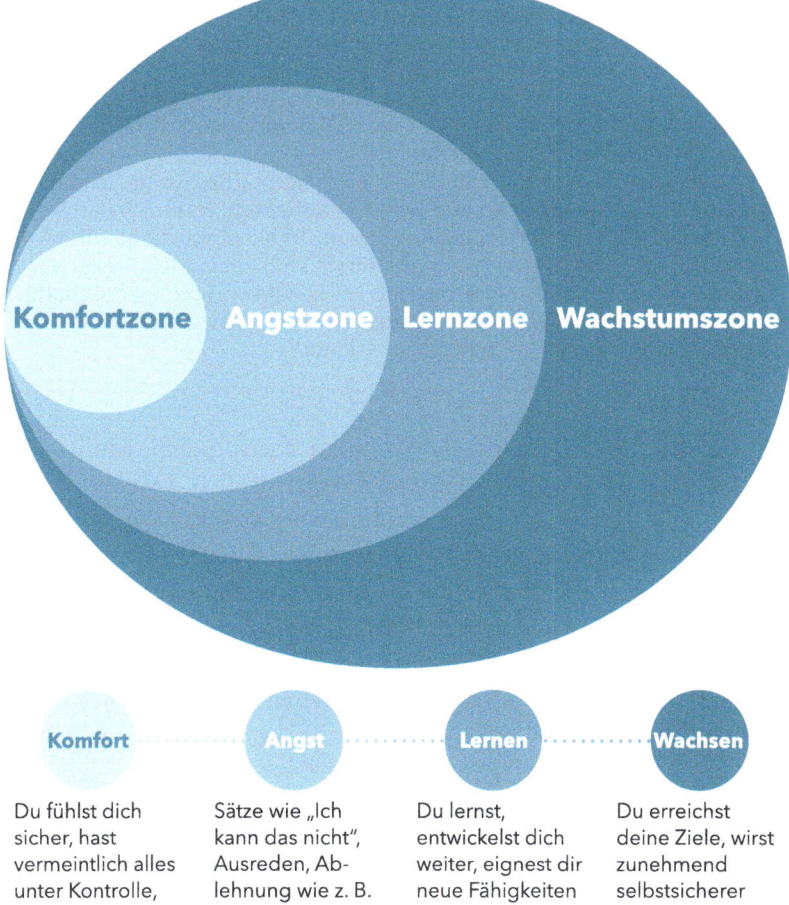

Komfortzone   Angstzone   Lernzone   Wachstumszone

Komfort

Du fühlst dich
sicher, hast
vermeintlich alles
unter Kontrolle,
viele Routinen
und Gewohn-
heiten sind hier
deine Weg-
gefährtinnen.

Angst

Sätze wie „Ich
kann das nicht",
Ausreden, Ab-
lehnung wie z. B.
„das will ich nicht"
und du hörst
wieder auf, weil
du verunsichert
bist.

Lernen

Du lernst,
entwickelst dich
weiter, eignest dir
neue Fähigkeiten
und Erfahrungen
an und siehst
Erfolg. Dein
Selbstvertrauen
wird aufgebaut.

Wachsen

Du erreichst
deine Ziele, wirst
zunehmend
selbstsicherer
und bist zufrieden
mit dir und
deinem Leben.
Oft sagen die
Menschen auch:
Ich finde meinen
Sinn!

Abb 14.1   Zum Lernen die Komfortzone verlassen. (© Maren Wölfl 2022. All
Rights Reserved)

Thema Gehaltserhöhung

Als junge Marketingmanagerin fand ich zufällig heraus, dass mein Kollege 30 % mehr verdiente als ich, obwohl wir dieselben Aufgabengebiete hatten. Da war ich erst mal baff und schlief eine Nacht über diese schockierende Erkenntnis. Am nächsten Tag war mir klar, dass ich das nicht akzeptieren konnte und wollte. Der Satz „Das kann einfach nicht sein!" spukte die ganze Zeit in meinem Kopf herum.

Im Rahmen des nächsten Mitarbeiter:innengespräches wollte ich dieses Thema unbedingt ansprechen und war sehr aufgeregt. Natürlich hatte ich Angst, meine Hände zitterten vor Aufregung. Total überraschend für mich war, dass mein Vorgesetzter sehr verständnisvoll reagierte. Dieses Vorkommnis ist nun über 25 Jahre her und ich bekam wirklich eine Gehaltserhöhung von 30 %. Vor Freude liefen mir ein paar Tränen über die Wangen, daran kann ich mich noch gut erinnern.

Wenn du es schaffst, die Zone der Angst zu überspringen, dann warten das wahre Abenteuer und ein besseres Leben auf dich – wobei sich das natürlich nicht auf eine Gehaltserhöhung beschränkt. Du lernst und entwickelst neue Fähigkeiten. Auch wenn es schwierig wird und du mit Widerständen kämpfen musst, werden sich deine Kompetenzen in jedem Fall erweitern. Dein Selbstvertrauen wächst, du profitierst von einer Stärkung deiner Persönlichkeit.

Ein paar Beispiele für neue Verhaltensweisen, die ein solches inneres Wachstum befördern:

- Du sollst kurzfristig an einem Meeting um 18 Uhr teilnehmen und du sagst zum ersten Mal NEIN.
- Obwohl im Haus jede Menge zu tun ist und du auch sonst noch eine lange Liste an Aufgaben für diesen Tag hast, nimmst du ein Bad und genießt es mit allen Sinnen.
- Du bereitest dich gut auf das Feedbackgespräch mit deiner Führungskraft vor und sagst ihr ehrlich und respektvoll deine Meinung.
- Im nächsten Meeting vertrittst du deine Meinung und erklärst deutlich deinen Standpunkt.
- Du gibst Verantwortung ab, indem du dich mit Freundinnen triffst und deinen Partner sich um die Kinder kümmern lässt – und du hast dabei kein schlechtes Gewissen.

- Du hinterlässt abends ein Chaos in der Küche, einfach so!
- Du fragst voller Selbstbewusstsein nach einer Gehaltserhöhung.

Viel Spaß beim Ausprobieren von Neuem, Lernen und Wachsen. Es lohnt sich!

 Integrity is choosing courage over comfort.
Brene Brown

Mut auf dem Sprungturm

Vor vielen Jahren war ich mit meinen Kindern zum ersten Mal in einem Schwimmbad im Salzkammergut. Mein Blick fixierte jedoch nicht den blauen Himmel oder den wunderschönen See, sondern den Sprungturm. WOW. Eine innere Stimme erklärte mir sofort, dass ich hinaufklettern und von dort ins Wasser springen solle. „Echt jetzt?", fragte ich mich. Aber meiner inneren Stimme musste ich folgen. Ich kannte sie ja schon sehr gut und sehr lange. Ich drückte meinem Sohn das Handy in die Hand. Er sah mir ungläubig nach, als ich den Turn hinaufkletterte. Oben angekommen, musterte mich der Bademeister und fragte mich, ob ich schon mal aus sieben Meter Höhe gesprungen sei. Als ich verneinte, gab er mir den Tipp, es vorher vom Fünf-Meter-Turm zu probieren. Zusätzlich gab er mir den Ratschlag, einfach nach vorne zu gehen und zu springen, ohne lange zu überlegen.

Das klang vernünftig. Ich probierte es aus fünf Metern Höhe. Kein Problem! Als ich dann auf dem Sieben-Meter-Podest stand und hinunter auf den See blickte, kamen mir Zweifel. Es war schon sehr hoch oben. Ich ging noch mal zurück und erinnerte mich an die Worte des Bademeisters. Einfach nach vorne und springen – und das tat ich. Ich grinste von einem Ohr zum anderen, als ich aus dem Wasser ans Ufer kletterte, und war so stolz. Meine Kinder gratulierten mir. Ich glaube, sie waren ein bisschen beeindruckt von ihrer „verrückten" Mama.

Das Schönste für mich geschah ein paar Stunden später: Mein Sohn sprang zuerst vom Drei-Meter-Brett und danach auch von dem fünf Meter hohen. Und sogar meine neunjährige Tochter war sehr mutig und wagte einen Sprung aus drei Metern in den kühlen See. Was für ein Tag! Wir werden ihn alle nie vergessen.

Übersicht

Für Veränderung brauchen wir Mut und wir müssen die Komfortzone verlassen, also den Bereich, in dem wir uns sicher fühlen und in dem wir glauben, alles kontrollieren zu können. Lege einfach einmal deine Ängste, Sorgen oder Ausreden auf die Seite und fokussiere dich auf die möglichen positiven Ergebnisse.

Es könnte ja gut werden!

Es warten neue Erfahrungen, mehr Selbstvertrauen, das tolle Erlebnis neuer Fähigkeiten und innere Zufriedenheit auf dich. Und natürlich das wunderbare Gefühl, deine Ziele zu erreichen und Deine Träume zu leben.

PS: Und wenn dir die Veränderung manchmal zu langsam ist, dann schau dir auch noch dieses Video an: https://femalewakeupcall.com/inspiration-fur-frauen-veranderung/.

Ab und an passiert die Veränderung langsam und im Schneckentempo! Auch das darf sein! ☺

The manufacturer's authorised representative in the EU is Springer
Nature Customer Service Centre GmbH, Europaplatz 3, 69115 Heidelberg,
Germany. If you have any concerns regarding our products, please
contact ProductSafety@springernature.com

Printed and bound by CPI Group (UK) Ltd, Croydon, CR0 4YY
24/04/2026
02096347-0001